KB175374

솔직히
당신 열정엔
관심 없어요

* 해당 책의 내용은 저자의 개인적인 견해이며 저자가 재직 중인 회사의 공식적 의견이나 입장과는 무관함을 미리 알립니다.

솔직히 당신 열정엔 관심 없어요

직원을 떠나게 만드는
위험한 리더십에 대하여

문현웅 지음

추천사

오랜 시간 리더로 지내다 보면 팔로워 시절의 마음을 잊게 된다. 이 책은 그때의 마음을 생생히 떠올리게 해준다.《솔직히 당신 열정엔 관심 없어요》라니. 제목부터 마지막 에필로그까지 촌철살인 그 자체였다.

기업을 비롯해 사람과 사람이 모인 곳이라면 누군가는 리더가 되어야만 한다. 그리고 리더가 된 이상, 이런저런 문제에 봉착하게 된다. 과거와 달리 요즘 가장 큰 문제는 '사람'이 아닐까 싶다. '대퇴사 시대'라 불리는 요즘, 살아남는 리더가 되기 위해선 팔로워의 생각을 읽고 그들과 공감해야 한다. 그런데 팔로워는 리더에게 절대 100% 진심을 털어놓지 않는다. 많은 리더가 조직 안에서 고립되어가는 이유기도 한다.

팔로워의 속이 궁금한 리더부터, 스스로 잘하고 있다고 믿고 있는 리더까지. 모든 리더에게 권하고 싶은 책이다. 분명 모든 리더가 마지막 장에 닿기 전에 한 번은 뜨끔할 것이다.

_ **이개호** 더불어민주당 국회의원(전 농림축산식품부 장관)

세계관이 변화하기 위해선 필연적으로 충격이 필요하다. 《솔직히 당신 열정엔 관심 없어요》는 세계관에 균열을 내는 책이다. 리더는 대부분이 '잘해온 사람들'이다. 그렇기에 본인이 살아온 방식, 그리고 본인이 믿어온 방식을 의심하는 법이 좀처럼 없다. 하지만 수학과는 달리 삶엔 공리가 없으며 '성공 방정식'은 시대에 따라 늘 변하기 마련이다. 리더 시절의 정답이 팔로워 세대에서도 반드시 옳다 말하긴 어렵고, 급변하는 세상에선 리더의 세계관은 이미 낡은 것이기 일쑤다. 그리고 '이미 부조리해진' 리더의 잣대로 팔로워를 지휘하면 마찰은 필연적이다. 현시대 리더들이 팔로워들과 겪는 갈등의 성격은 대개 이러하다.

세상을 바꿀 수 없는 리더는 세상을 따라 변해야 한다. 《솔직히 당신 열정엔 관심 없어요》는 세계관을 부수고 깨뜨릴 망치다. 이 책을 통해 나의 지식과 믿음은 이미 빛바랜 것임을 절감해야 한다. 리더들이 겪을 거대한 변화의 첫 발짝이 이 책을 통해 떼어질 수 있기를 기대해본다.

_**김형진** 연세대학교 신소재공학과 교수

조직 사회에서 오랫동안 존재해온 부조리, 비효율, 구습 등을 보다 선명하게 볼 수 있게 해주는 책이다. 특히 누구나 경험해봄 직한 일들을 재미있는 스토리나 사례로 풀어내어 공감대를 형성한다. 시대의 변화를 이해하고 수용하는 현명한 리더가 되길 원한다면 이 책을 읽기를 권한다. 참고로 나에게 가장 인상 깊었던 메시지를 소개한다.

"조직을 망친 주역은 조직을 미워하거나 기민한 배반자들이 아니다. 오히려 속한 집단에 자부심을 느끼며 상사의 지시를 성심껏 따랐던 이들이야말로 회사의 뿌리를 갉아 먹는 근원이다."

__ **박태현** 《부하직원이 말하지 않는 31가지 진실》의 저자

세상에는 두 가지 형태의 리더가 존재한다. 천부적 리더, 그리고 어부지리 '존버'형 리더.

전자야 시대와 운명의 흐름에 의해 다수의 공감을 얻어 선택된 사람이라는 특별한 인식을 주지만 존버형은 안타깝게도 종종 이러한 '영전'이 그동안 무능력한 세월에 대한 보상이라는 생각에 자신만의 왜곡된 리더십을 관철시키려는 양상을 보인다. 민망하게도, 두 가지 형태의 리더는 본인만 빼고 조직에 있는 모두가 어렴풋하게 구분한다.

어떠한 형태이든 '리더'라는 직책을 가지고 있는 사람이라면 이 책을 통해 자신의 열정이 조직을 이끌 촉매제인지, 아니면 인터넷에 밈Meme화되어 떠돌아다닐 한낱 에피소드 거리인지 진단해보길 바란다. 열정, 열정, 열정!

_ **현해리** 전 MBN PD, 윤석열 대통령직 인수위원회 홍보보좌역

머리말

'댁이 뭔데' 리더를 논하냐면

"조선은 특권계급의 착취, 관공서의 가혹한 세금, 총체적인 정의의 부재, 모든 벌이의 불안정, 비개혁적인 정책 수행, 음모로 물든 고위 공직자의 약탈 행위, 하찮은 후궁들과 궁전에 한거하면서 쇠약해진 군주, 널리 퍼져 있으며 민중을 공포의 도가니로 몰아넣는 미신, 그리고 자원 없고 음울한 더러움의 사태에 처해 있다."

영국 왕립 지리학회 사상 첫 여성 회원인 이사벨라 버드 비숍(1832~1904)은 1894년부터 1897년까지 네 차례에 걸쳐 한반도를 방문한 후 집필한《조선과 그 이웃나라들Korea and Her Neighbours》에서 당시 우리 민족의 삶을 이와 같이 표현했습니다. 제국주의 시대에 서양인의 입장에서 조선을 바라본 이 서술은 오리엔탈리즘에서 기인한 편견과 현지 사정에 대한 이해 부족이 빚어낸 곡해라는 비판을 상당히 받았죠.

그러나 부족하거나 잘못된 기록이 포함돼 있다 해서 이 견문록의 가치를 전면 부정하는 것 또한 과도한 혹평이긴 합니다. 한계점이나 미흡한 부분도 분명 없진 않습니다만. 그럼에도 우리 선조의 저술만으론 쉬이 포착할 수 없는 구한말의 시대상이나 장단점, 혹은 한계마저 외지인의 관측에서는 필터 없이 여실하게 드러나곤 하니까요.

이 책 또한《조선과 그 이웃나라들》과 맥락이 유사한 데가 있긴 합니다. 리더 입장에서는 그저 팔로워의 관점에서 리더나 리더십을 거론하거나 비판하는 것 자체가 심히 불쾌할 수도 있겠습니다. 특히나 리더 대부분이 숙고 끝에 내리는 판단이나, 다수를 이끄는 처지에선 피하기 어려운 불가피한 선택마저도 지휘를 맡은 자의 고충과 사정은 전혀 모를 팔로워의 시각에 기대어 힐난하면 억울하고 못마땅할 수밖에 없죠.

하지만 때로는 순박한 어린이의 무구한 호기심이 어른들의 상식에 균열을 내며, 먼 나라에서 온 이국인의 시선이 모두가 오래도록 당연이라 믿어온 것을 뒤흔들듯, 선도하는 자리에 올라본 바가 없는 생무지의 불평이 오히려 리더 위치에선 망각하거나 체감하기 쉬운 무언가를 불현듯 일깨워줄지도 모를 일입니다.

과거엔 팔로워가 아니었던 리더도 드무니 그들이 설마 팔로워가 불만하는 지점을 몰라서 무시하거나 간과하겠느냐 싶을 수도 있겠습니다만. 개구리가 올챙이 적 생각을 못 한다는 옛말이 괜히 존재하겠습니까. 교사는 전부가 한때나마 학생이었음에도 제자의 우울이나 고민을 이해하지 못하는 이가 허다한 것과 마찬가지죠.

이것은 기자로 살았던 3,243일간 숱한 조직과 사람 곁을 맴돌며 목격했던, 리더들이 흔히 놓치는 것들에 대해 팔로워의 입장에서 풀어낸 이야기입니다. 갓 사회인이 됐을 때에는 여느 직장인과 마찬가지로, 부하직원들의 심리는커녕 자신이 맡은 업무조차 이해하지 못하는 리더들의 조악한 리더십에 의아함을 품었습니다만. 이제야 그들의 행동 이면에 숨은 심리와 사고의 원리가 무엇인지를 조금이나마 알 것도 같아 펜을 들 용기를 냈습니다. 저의 미진한 글이 누군가에게는 잘못된 길을 벗어나는 이정표가 되어주길 희망합니다.

문현웅

차례

2부 · 지휘의 기술

3부 · 팔로워십 테크닉

1부

리더에겐 보이지 않는 것들

1990년대생,
그들의 트라우마

현시대 주니어 사원 대부분이 속한 1990년대생 전반에 걸쳐 뿌리 깊게 박힌 트라우마를 여러분은 혹시 인지하고 계시는지요?

그들의 직장관이나 사회생활 태도가 다른 세대와 확연히 달라진 근원에는 흔히 언급되는 팽배한 개인주의나 생활의 일부가 된 디지털 문화보다도 어쩌면 훨씬 더 큰 영향을 미쳤을지도 모르는 PTSD(외상 후 스트레스 장애)가 존재하는데요.

그것은 바로 1997년에 대한민국을 강타했던 '외환위기'입니다. 당시 초등학생 즈음이던 그들의 눈에 비친 세상은 멸망을 향해 치닫는 붕괴와 혼돈 그 자체였습니다. 비할 데 없이 강인하던 아버지가 갑작스레 처진 어깨를 붙들며 하염없이 우는 모습을 보고서 놀란 적도 있었고, 늘 사이좋던 부모님이 돌연 악에 받쳐 싸우다 끝내 갈라서는 광경에 충격을 받은 이도 적지 않았습니다.

설령 부모님께선 애써 내색하지 않았을지라도, 한스밴드 노래 가사처럼 '대낮부터 오락실엔 이 시대의 아빠들이 많았던' 데다, 텔레비전에선 늘 내일이면 선진국이 된다고 자신 있게 말하던 정부가 갑작스레 금반지를 모으자며 국민을 독려했으니 무언가 크게 잘못되고 있음을 감지하긴 그리 어렵지도 않았죠. 게다가 학교에선 교실마다 며칠 건너 한 명씩은 집안 사정으로 전학 가는 친구가 있었고, 국가적인 경제난을 이유로 수학여행 취소 통보를 받는 상황도 흔했으니까요. 책상 위에 놓인 국화 한 송이엔 떠난 이를 추모하는 뜻이 담겼음을 당시 처음 알게 된 학생도 꽤 많았고요.

물론 어린아이들만이 그 나락을 견디고 살았던 것은 아닙니다만. 아무래도 연약하고 내성도 부족한 아동 쪽이 같은 충격에도 보다 큰 상처를 받기 쉽죠. "어느 정도 성숙한 아이들은 극도의 트라우마를 유발하는 사건이 터져도 심리적 불안을 잘 극복하는 편이지만, 나이가 어릴수록 보다 쉽게 상처를 입는 데다, 극단적 일들이 그리 흔하진 않다는 것을 이해하기도 힘들다"는 짐 클락 플로리다 주립대 교수의 말처럼요.

이 무렵부터 초등학생들의 주된 꿈이 대통령이나 벤처사업가에서 공무원 혹은 교사로 대거 급선회를 했었죠. 단합과 동지애를 명분으로 아버지를 앗아가 연일 회식과 등산, 체육대회 자리에 내리 앉혀두던 회사가 막상 목에 칼날이 닿으니 그토록 가족 같다던 임직원들을 내치는 꼴을 곁에서 생생히 보는 심정이 어떠했겠습니까. 이제 어른이 된 그들은 과연 '운명 공동체'인 직장에 헌신하라는 명제를 아무런 심리적인 저항 없이 기껍게 받아들일 수 있을까요.

1990년대생 전반에 흐르는 회사에 대한 불신과 냉소

기류를 그저 구제금융 트라우마 하나만으로 설명해낼 수 없긴 합니다. 수명을 깎으며 일한들 집 한 칸 얻기 힘들 정도로 노동의 가치가 하찮아진 시대 기조라든가, 자아나 행복을 직장 바깥에서 찾으려는 움직임의 확대 등 따지고 보자면 원인으로 꼽을 만한 변수는 꽤 여럿이긴 하죠.

하지만 아무튼 1990년대생들의 유년기를 헤집으며 그들의 국가·사회를 바라보는 태도에 막대한 영향을 끼쳤던 '국가 부도의 날' 사태가 그 영향력과 중요성에 비해선 주니어 사원들의 태도를 바꾼 요인 중 하나로 거론되는 빈도가 지나치게 적은 것도 사실이긴 합니다. 그 시대를 살았던 아이들의 기억엔 당시의 충격과 공포가 여전히 선한데도 말이죠.

그렇기에 흔히 젊은 사원들의 마음을 얻거나 소속감을 끌어올리겠다며 윗선 주도로 단합회를 열거나 식사자리를 마련하는 등의 행위가 실상 얼마나 효용을 발휘할지가 의문입니다. IMF 이전엔 그런 행사가 없어서 회사가 기우는 때에 직원들을 너절하게 쳐냈겠습니까.

개인의 삶을 희생해가며 증명한 충성과 쌓아둔 유대마저도 정작 위태로운 순간엔 별 의미가 없다는 사실을 유년기에 이미 목도한 이들에게 부모 세대가 이미 실패한 전철을 그대로 따라 밟을 마음이 굳이 들겠습니까. 외환 위기 전의 방식을 이름만 살짝 바꾼 답습을 암만 거듭한들 벌써 역사로부터 배움을 얻어버린 1990년대생들이 과연 리더들이 바라는 만큼 회사를 신뢰하거나 조직에 몰입해줄 수 있겠습니까.

어느 날 사단장이 말했다

아마도 2010년 즈음이었을 것입니다. 강원도 모처에서 시급 300원 정도를 받으며 국경 방위에 임하던 중, 문득 환경과 진급에 관심이 지대하던 사단장께서 예하 부대에 샴푸 사용을 금하는 영을 내리셨다는 비보를 전해 듣게 됐습니다. 아름다운 조국 산천이 독한 화학 제품에 긁히고 상하는 꼴을 두고 볼 수 없다는 이유였다고 합니다.

'아니, 그럼 머리는 뭘로 감나요?' 따위 반론은 통할 여지가 없었습니다. 우리 정부는 이미 오래전부터 군복과 식판, 사람의 위생 유지를 돕고자 오이 향 나는 비누를 꾸준히 보급해주고 있었으니까요.

이견도 있기야 하겠으나, 사실 제 생각엔 보급 비누의 퀄리티 자체는 아주 저질로 매도당할 수준까진 아니었던 듯합니다. 어디까지나 '비누'로선 말이죠. 그저 샴푸 대신 쓰면 머리칼이 뻣뻣해지는 데다 자칫하면 닿는 피부의 수분까지 뺏는 '비누'라는 물질의 태생적 한계가 문제였을 뿐이었습니다. 실제로 당대 훈련소에선 잘 익은 대춧빛으로 얼굴에 홍조가 오르거나 목덜미 언저리에 서리가 앉은 신병을 드물지 않게 볼 수 있었는데요. 대개는 사회에서 샴푸와 클렌징 폼 등으로 곱고 단아하게 관리되던 육신이 거친 비누에 적응하지 못하는 바람에 벌어지는 사태였죠.

아무튼 사단장의 명령은 지엄했고, 예하 부대의 조치는 신속했습니다. 오래지 않아 생활관 침상 구석마다 박힌 목욕 바구니에서 샴푸가 깔끔히 자취를 감췄습니다. 저희는 이따금 방향제 대신 소변기 바닥에 던져두기나 했던 그 녀석들을 두피에 고루 문지르는 신세가 됐습니다. 부대 주변 하천은 맑아지는 만큼 영내에 간힌 장병들의 머릿결은 박살 나는 나날은 그렇게 한동안 이어졌습니다.

그러나 젊은이들은 답을 찾았습니다. 늘 그랬듯이 말이죠. 얼마 뒤 휴가를 맞아 나갔던 누군가가 군용 보급 비누와 외양이 유사한 '고형 샴푸 바'를 사회에서 발견하고서는 부대 내로 반입했고, 휴가와 외출·외박 시즌이 한소끔 지나자 그 제품을 쓰지 않는 부대원을 찾기가 오히려 어렵게 됐습니다. 그래도 사람 사는 곳이라 그랬는지 단속을 맡은 간부나 분대장마저도 살짝 닮으면 겉보기엔 보급품과 별다를 바가 없는 유사품까지 일일이 색출하진 않았고요. 이 와중에도 머리칼에 향긋한 오이 내음을 꿋꿋이 두르는 이는 장기 복무를 노리는 장교나 부사관뿐이었죠.

하지만 사단장도 결국엔 일선에서 지시를 어기고 있다는 사실을 눈치채고야 말았습니다. 무엇이 계기였는지는 잘 모르겠습니다. 아마도 어느 날 스쳐 지나는 흔들리는 병사들 속에서 샴푸 향이 느껴지거나 했던 것이겠죠. 아무튼 심기가 불편해진 투스타께서는 휘하 부대 전체를 방송으로 연결하고 준엄하게 꾸짖으셨습니다. 삼천리강산의 미려함을 해하는 너희들에게 몹시 실망했다, 나이가 60줄인 사단장도 샴푸를 끊고 비누를 쓰는데 젊고 건강한 너희들이 조금 불편하다고 환경을 위협하는 제품을 쓰느냐, 뭐 대략 이런 정도의 내용이었습니다.

당시 이미 두발이 희박하셨던 장군님께서 굳이 세안 비누와 샴푸를 구분해 쓰긴 했는지 모르겠습니다만. 아무튼 저희에 비해선 예전부터 샴푸 사용량이 그다지 많지 않으셨을 것은 뻔했죠. 게다가 군대가 생업이고 운명이며 세계관의 전부인 투스타에 비해, 두 해를 온전히 채우지 않고 사회로 돌아가 연애 혹은 면접에 임해야 하는 장병이 머리칼에 두는 관심과 정성 수준은 애초부터 차마 비교할 바가 아니긴 했습니다. 그러다 보니 훈시 이후로도 일선에서의 고형 샴푸 사용은 계속됐고, 윗선에서도 결국엔 강압까지 해가며 실적을 낼 프로젝트는 아니라고 판단했는지 제한을 어느덧 흐지부지 풀었습니다. 군에서 잊을 만하면 벌이는 여타 잡다한 캠페인들과 마찬가지로 말이죠.

직장생활을 하면서도 이처럼 야심 차게 추진한 이벤트가 별 호응이나 실효 없이 유야무야되는 꼴을 여럿 봤는데요. 묘하게도 결국 그렇게 흘러가는 이유는 장병 시절 경험했던 캠페인들과 맥락상 크게 다를 바가 없었습니다.

첫째로, 열심히 따른들 발주한 높으신 분 이외 참여자에겐 메리트가 없다는 것입니다. 샴푸 안 쓰기 운동이 성공하면 사단장이야 지역 사회에 생색도 내고 윗선에도 잘 보이며 진급 내지 영전할 토대를 마련할 수 있겠으나, 병사들에겐 가려운 머리 가죽 말고 남는 것이 무어 있겠습니까. 직장에서 벌이는 프로젝트 또한 그런 성격인 녀석들이 상당수고요.

둘째로, 프로젝트 수행으로 인해 입는 대미지가 다릅니다. 이를테면 탈모 진행이 끝난 장군과 한창 머리 숱이 많을 나이인 청년 중 어느 쪽이 비누를 사용해 입을 피해가 더 클까요. 또한 집에 일찍 가도 TV 보기 이외엔 할 게 없는 사람과 함께할 가족도, 만날 친구도 많은 사람을 비교하면 어느 쪽이 '프로젝트로 인한 야근'을 더 손해라고 생각하겠습니까.

셋째로, 조직 충성도가 다릅니다. 이미 군과 혼연일체가 된 투스타와 마지못한 군 생활을 스쳐 지나듯 하는 의무복무자를 비교한들 조직에 대한 충심이 강한 쪽은 너무나도 뻔할 것이고요. 직장에서도 회사에 뼈를 묻었거나 앞으로 묻을 예정인 고위 간부라면 모를까. 아직은 그래도 꼬우면 나갈 여지가 꽤 있는 말단 입장에서는 참으로 아니꼬운 일을 접했을 때 굳이 억지로 참고 견딜 만한 유인이 얼마나 있을까요. 이직이 활발해지고 스타트업도 늘어 옛 시대에 비해 운신의 폭이 넓어진 요즘엔 더더욱이나 말이지요.

요점은 군에서건 직장에서건 그저 자기 좋은 일만 벌이고서 아랫것들이 도통 따르질 않는다며 불평하지 말라는 것입니다. 프로젝트의 지향점이 얼마나 아름답건 실상 그 내용은 '환경을 지켜야 하니 샴푸 쓰지 말아라'는 식인, 정작 수행자에겐 별 이득이 없는 허울 좋은 이상일 뿐일 수도 있습니다. 심지어 프로젝트가 성공했을 때 얻는 것의 차이까지 감안하면 그 이상조차 위선처럼 느껴질 여지도 있고요.

이런 이해가 선행되지 않는다면 높은 분들은 '이런 대단한 사업에 왜 그따위 태도로 임하냐'고 소리치고, 아래에선 '아니, 내가 그걸 따라서 남는 것이 뭔데'라고 반발하는 구도는 영영 바뀔 가망이 없지 않을까 합니다. 군에서건 바깥 사회에서의 직장에서건 말이죠.

노트북과 함께 사라진 수습사원

이것은 한창 벚꽃 피는 차례 따라 대학은 물론 언론사도 위태로워지던 시절, 지방에서 기자 노릇을 하던 친구에게 전해 들은 이야기입니다.

여러분도 잘 아시겠지만 지역지 중 뿌리가 얕고 재정 수준이 하찮은 곳은 사원들에게 월급 대신 기자증만 덜렁 쥐여주고 광고주와 관공서를 알아서 뜯어먹도록 종용하는 동네 조폭과 유사 다단계의 끔찍한 혼종 비스무리한 스타일로 회사를 굴리는 경우가 종종 있는데요.

어느 날 그런 계통의 신문사 중 한 곳에서 새로 부릴 기자를 모집했습니다만. 이들은 대담하게도 수습 기간엔 봉급을 전혀 줄 수 없고 광고를 따오면 그 수익에서 일정 부분을 떼어주겠다며, 최종합격 전까진 그저 선량한 시민이었던 대졸 신입에게도 막무가내 영업을 강요했다고 합니다. 물론 이를 거부하면 채용을 취소하겠다며 으름장도 놓았고요.

하지만 안타깝게도 정작 당사자들에겐 그러한 위협이 썩 와닿지는 않았던 모양입니다. 장비 지급 절차가 끝나자마자 수습사원 중 넷이 노트북을 들고 잠적해 버렸거든요.

경영 상황이 영 좋지 못한 지역 신문사 입장에선 노트북 네 대도 무시 못 할 재산인지라 황급히 색출에 나서긴 했죠. 하지만 공권력의 도움을 받지 못한 탓에 들인 노력과 열정에 비해 성과는 영 미진했다고 합니다.

왜 신고를 하지 않았느냐고요? 그야 월급은 못 주니 알아서 뜯어먹으라 했다가 기물을 탈취당한 사연은 아무래도 경찰서에서 자랑스레 풀어놓을 이야기는 못 되니까요.

일단 휘하에 들인 직원이라면 마냥 갑의 위치에서 통제할 수 있으리라 생각하는 기업이나 조직이 의외로 드물지 않습니다. 하지만 첫걸음을 디딘 직장에서 쭉 성장하는 것이 커리어의 미덕이었던 시절이라면 모를까, 이직과 전직이 활발해진 데다 핵심 인재 확보에 적극 나서는 기업이 많아진 요즘엔 회사가 직원을 일방적으로 휘두르기가 쉽지만은 않은 듯합니다.

며느리를 시험한답시고 보리 두 되와 쌀 두 되로 한 달을 지내도록 종용하는 옛 시절 전래동화에 비유해보자면요. 과거엔 아껴 먹건, 장사를 해 불리건 이래저래 문제를 해결해 좋은 인상을 주고 시집을 가는 것만을 목표로 삼았지만, 이제는 아들 가진 집이 너희 하나뿐이냐고 외치며 곡식을 들고 도주해버리는 선택지도 고려에 넣은 셈이죠. 특히나 모두가 탐내는 며느릿감으로 치환할 수 있는, 회사 바깥에서도 능력을 알아주는 핵심 인재 입장에선 갈 곳도 많아진 판이니 굳이 치사한 꼴을 참고 견딜 의리가 없는 것이고요.

물론 회사도 할 말은 있습니다. 그래서 내가 못 해준 것이 뭐냐고요. 앞서 언급한 사례에 빗대 보자면, 너희 나이대에선 감히 넘보지 못할 수준의 명예와 권력을 주는데 왜 알아주지 않느냐고 항변할 수 있을 겁니다. 실제로 언론사에서 흔히 하는 말이기도 하고요. 하지만 지역지 기자가 실제로 그만큼의 명예와 권력을 누리는지는 일단 차치하고라도요. 수습기자들 쪽에선 반대로 이런 말이 나올 수 있죠. "아니, 돈 달랬지. 누가 명예와 권력 달래요?"

아직도 많은 기업이 '사원이 바라는 것'을 파악해 제공하기보다는 단지 '회사가 줄 수 있는 것' 내지 '회사가 주기에 편하고 유리한 것' 위주로 시혜를 베풀려 합니다. 임직원은 워라밸을 바라는데도 정작 도입하는 복지 혜택은 석식 제공이라든가, 월급 인상을 요구하는 노조에 복지포인트 추가 지급을 협상 카드로 내미는 식이죠. 하지만 누구인들 바라지도 않는 혜택을 생색내며 던져주는 직장에 굳이 충성하며 머무르고 싶을까요. 그러니 인재는 인재대로 정나미를 떼며 떠나고, 회사는 회사대로 섭섭해하는 것이죠.

요점은 선발을 마친 인재라 한들 온전히 회사 것은 아니며, 안정적인 조직 관리를 위해선 항상 임직원과 소통하며 니즈를 살필 필요가 있다는 것이죠. 그저 내가 주기에 편하거나 유리한 것만을 골라 제공하면서 상대가 늘 감사하며 만족하길 바라서도 곤란하고요.

남녀가 교제할 때에도 이미 잡은 고기랍시고 그런 태도를 견지하면 좋은 소리를 듣기는 아무래도 힘들 텐데요. 하물며 연애만큼이나 정과 신뢰를 두텁게 쌓기 어려운 회사-직원 관계에선 어떻겠습니까. 사귀기로 약조한 순간 이후로도 연인의 마음을 붙들기 위한 배려는 계속되듯, 인재 또한 채용 이후로도 관계 유지와 발전을 위한 노력이 꾸준히 이어질 필요가 있지 않나 합니다.

딱 한 대만 때리게 해줘

기자 시절 저는 그래도 후배들이 꾸려 온 발제나 기획, 아이디어는 웬만하면 밀어주려 노력하는 축에 속했습니다. 물론 제가 유달리 성인군자나 박애주의자라 그랬던 것은 아니고요. 애초에 전 직장과 그쪽 업계 분위기 자체가 대체로 그러한 편이긴 했는데요.

따지고 보면 언론사라고 해봐야 정부에 속한 첩보기관도 아닌 만큼 별다른 법적 권한도 없는지라, 기자들이라도 남들보다 먼저 정보나 소식을 접하고 뉴스로 가공하는 일은 결코 쉬운 작업이 아니었습니다. 그런 만큼 애써 취재한 내용이 덧없이 묻히면 반동으로 오는 실망 또한 상당했고요. 그러다 보니 구성원이 의욕을 잃거나 복무 염증을 앓는 사태를 미연에 방지하려면, 조직 관리 차원에서도 상급자가 가급적 후배의 기사를 살려주려고 노력하며 사기를 북돋거나 유지할 필요가 있었죠.

이는 비단 언론 쪽에만 통용되는 논리는 아닐 것입니다. 회사를 막론하고 임직원이 총력을 투입해 준비하는 프로젝트는 늘 존재하고요. 그럼에도 기껏 온 힘을 다해 준비한 기획이 허망하게 무산되는 경우 또한 드물지 않습니다. 물론 시장의 급격한 변화나 코로나 창궐 등 충분히 납득이 갈 만한 연유로 사업 방향이 달라졌다면 웬만해선 별다른 문제 소지가 없습니다만. 의외로 그저 윗선의 취향이나 감각에 맞지 않는다는 이유로 프로젝트가 엎어지는 경우도 꽤 흔하죠.

조직에선 무엇보다 상급자의 의지가 중요하다지만, 하급자의 근로 의욕 또한 무시 못 할 요소이긴 합니다.

수명과 열정을 갈아 넣은 작품이 윗사람의 고갯짓 한 번에 녹아내리는 상황을 거듭 접하다 보면, 누군들 향후로도 정성을 다해 일할 마음이 들겠습니까. 그것도 심지어 주관적이거나 분명치 않은 이유에 휘둘린 것이라면 더욱이요.

그런 만큼 회사에 큰 무리를 주지 않는 선에서라면 별달리 쓸모없어 보이는 프로젝트라도 일단 발동한 이상 끝을 보게 해주는 것이 때론 조직 관리 측면에서 유리한 선택일 수도 있겠습니다. 일단 칼을 뽑았으니 무라도 쑤셔보자는 식의 단순한 논리는 아닙니다. 그저 프로젝트의 결실을 보고자 힘껏 달려온 이들에게 결말에 이를 수 있도록 길을 열어주며 근로 의욕을 높이자는 것이죠. 역사적으로도 맥락이 비슷한 사례가 있었는데요. 잉글랜드 국왕이었던 에드워드 1세가 스코틀랜드를 침공할 당시 벌어졌던 일입니다.

그는 스털링 성을 공략하기 위해 인류 역사상 가장 거대했던 투석기인 '워울프'를 동원했는데요. 130kg에 달하는 돌덩이를 날리는 기계인 만큼 운용이 쉽지 않았고, 실제로 마차 30대를 동원해 나른 재료를 50명이 석 달에 걸쳐 조립한 끝에야 간신히 발사 준비를 마쳤다고 합니다. 문제는 완성된 투석기를 보자마자 농성하던 적군이 항복을 선언한 것인데요.

쓸모가 없어졌다 해서 워울프 프로젝트를 즉각 폐기하면 개발과 자재 조달, 조립에 힘썼던 부하들 심정이 어떠하겠습니까. 그리하여 에드워드 1세는 결단을 내렸습니다. 많은 이의 공로가 아주 헛되지 않게, 워울프를 딱 한 발만 쏘고 항복을 받아주는 것이었습니다. 날아간 성벽을 보며 병사들은 환호했고, 에드워드 1세는 돌덩이 하나와 성벽 보수 비용 정도만을 추가로 지출하고서 군의 사기를 유지할 수 있었습니다.

기업 입장에서야 내키지 않는 프로젝트 완주를 위해 인력과 돈을 붓는 것이 아까울 수는 있겠습니다만. 앞에서 언급한 잉글랜드 사례에 비추어 보면 이 정도는 '조직 관리' 내지 '조직의 사기 유지'를 위한 비용으로 해석할 여지 또한 존재하지 않겠습니까. 물론 어느 모로 봐도 답이 나오지 않는 프로젝트야 한시라도 빨리 폐기함이 마땅하겠지만, 하려면 할 만한 프로젝트나 내버려 두면 밥값 정도는 할 만한 기획이라면 조직 관리와 사기 유지 차원에서 약간은 아량을 베푸는 것도 고려해보심이 어떨까 합니다.

무식한 리더가 용감하더라

"문 기자, 그게 언제적 이야기인데."

제가 전 직장에서 서울대를 맡아 출입하던 시절, 한 노교수님을 뵙고 식사를 하던 중 당시 최신 트렌드로 통하던 사안을 언급한 적이 있었습니다. 교수님 전공과도 연관 있는 주제라 나름 괜찮은 화젯거리가 되겠다 싶어 꺼냈던 이야기였습니다만. 돌아온 반응은 의외로 심드렁했습니다.

"그래요? 학계에선 한참 옛날에 지나간 소리인데."

교수님 말씀에 따르면 문제의 그 '트렌드'는 학자들도 과거 한때 접해본 바가 아주 없진 않으나, 결국엔 학술 가치를 인정받지 못하고 강단에서 밀려난 그저 그런 이슈 중 하나였다고 합니다. 그 정도 위상에 불과했던 이론이 최근 들어 급작스레 부상해 상당한 주목을 받는 데다, 이른바 '전문가'까지 여기저기서 등장하는 세태 자체에 교수님은 오히려 흥미를 보였습니다.

"조금만 공부해보면 학문 반열에서 취급하기에는 논리가 엄밀하지 못하고 학술적 근거도 부족하다는 것쯤은 파악이 될 텐데…. 요즘 학생 수준이면 석사과정 정도만 돼도 다루겠다는 소리를 차마 못 할걸요. 그런 주제로 논문을 쓰는 건 학위 받기 싫다는 소리나 마찬가지니."

"그래도 일단 듣기로는 그럴듯하던데요…."

"공부 제대로 한 사람이면 그걸 가지고 그럴듯하게 말하지도 못할걸요? 배운 사람이면 양심이 있지. 스스로 생각하기에도 말이 안 되는 이론을 어떻게 자신 있게 말하겠어? 무식하니 용감한 거지."

어릴 적 어른들께 간혹 듣던 소리 중, 서울 가본 사람과 서울 안 가본 사람이 서울 이야기를 하다 언쟁이 붙으면 결국엔 서울 가본 쪽이 밀린다는 말이었습니다. 지식이나 경험을 쌓은 사람은 자신의 배움이 얼마나 하찮은지를 오히려 깨닫게 되니, 차라리 아예 모르거나 얕게 알아야 단호하고 강경한 태도로 확신에 찬 주장을 펼칠 수 있다는 의미인데요.

이를 뒷받침하는 개념인 '더닝-크루거 효과Dunning-Kruger effect'라는 것도 존재하죠. 코넬대학교 사회심리학 교수 데이비드 더닝과 대학원생 저스틴 크루거가 자교 학부생을 연구해 제안한 이론인데요. 능력이 부족한 사람은 스스로를 과대평가하는 반면, 우수한 인물은 오히려 본인을 과소평가하는 경향이 있다는 정도로 대략 정리할 수 있겠습니다.

실제로 대학가에서도 학사가 되면 자신이 전공 분야를 모조리 안다 생각하고, 석사 과정을 거치면 내가 모르는 부분이 아직 많다는 사실을 비로소 느끼게 되며, 박사 학위를 따면 내가 아무것도 몰랐음을 깨달으며, 교수 직함까지 손에 넣으면 아는 것 하나 없는 내 말을 남들이 쉽사리 믿으니 불안해진다는 말이 있죠. 아무래도 배움은 등산과 같아 높이 오를수록 가보지 못한 먼 발치는 오히려 더욱 많이 보이는 만큼, 공부를 많이 한 사람일수록 스스로의 지식 수준에 겸허해지고 자신이 뭔가를 몰라 틀렸을 가능성 또한 보다 폭넓게 고려할 수 있게 되는 것이 아닐까 싶습니다.

실무자들은 너무 잘 알아서 차마 손대지 못하는 전략이나 분야를 리더가 자신 있다며 앞장서 추진하는 상황은 어디서나 그리 드물지 않은데요. 윗선에서 보기엔 새로운 도전이나 혁신을 해보겠다는데 무작정 반대하(는 듯해 보이)는 일선 실무진보다는 적극적이고도 진취적인 자세로 과감히 나서는 리더가 기특하고 믿음직스러울 수도 있겠습니다만.

임원급에선 리더가 암만 미쁘고 갸륵해 보이더라도, 임무와 권한을 하사하기에 앞서 숨을 한번 고르며 그가 정말 일을 맡길 만한 인물인지를 확인해볼 필요가 있지 않나 싶습니다. 사실 알고 보면 더닝-크루거 효과에서 부정적 포지션에 위치하는, 무식해서 용감한 인물일 수도 있거든요. 안 되는 이유조차 모를 정도로 지식은 얕지만, 의욕과 자신감만큼은 쓸데없이 충만해 풍부한 지식과 경험에 기대 리스크와 비효율을 잘 피해오던 실무자들까지 함께 지뢰밭으로 끌고 갈 수 있다는 것입니다.

특히 전문가를 '자처'하는 리더는 한층 더 주의 깊게 점검할 필요가 있습니다. 자타가 공인하는 프로페셔널도 물론 없지야 않지만, 엉성한 지식을 부끄러운 줄도 모르고 자신 있게 펼치며 수준이 비슷한 사람들을 현혹하는 인물 또한 적잖이 존재는 하거든요. 그런 리더에게 맡겨진 프로젝트의 귀결은 결국 어떠하겠습니까.

"곤경에 빠지는 건 뭔가를 몰라서가 아니다. 뭔가를 확실히 안다는 착각 때문이다(마크 트웨인)."

장군님이 변했어요

전 육군참모총장이신 남영신 대장님과 현 합동참모의장인 김승겸 대장님 말입니다만, 제가 육군에서 복무하던 때나 기자로 근무하던 시절엔 엄밀히 말하자면 덕장으로 알려진 분들은 아니었습니다. 오히려 그 반대로 용맹 과감한 맹장 스타일로 명성을 떨치던 분들이었죠.

뭐, 솔직히 일개 병장 출신에 국방부 출입 기자도 아니었던 제가 그분들에 대해 깊이 알긴 어려웠지만, 그래도 나름 3사단에서 군 생활을 했던지라 그분들에 대한 풍문은 복무 중일 때나 전역 후에도 종종 들을 일이 있었습니다. 이를테면 남영신 대장께서는 3사단장 시절 전투력을 강조하는 엄한 지휘관으로서 제가 복무하던 때에는 없던 백골데이(매월 3일 하는 훈련) 이벤트를 새로 만드셨다 들었습니다. 김승겸 대장님이야 3사단에서 중대장으로 복무하던 1992년 즈음 은하계곡 대침투작전 전공으로 을지무공훈장을 받으셨으니… 사단 레전드인 만큼 군 생활 내내 언급이 되었죠.

그런데 그분들께서 중장을 다셨을 즈음에 들려오는 평판은 예전에 제가 알던 바와 상당히 판이했습니다. 물론 공세적인 지휘와 더불어 군기를 엄정하게 확립하는 용장이라는 면이 아주 지워지진 않았지만, 온화한 리더십을 발휘하며 부하를 아끼는 덕장이라는 평이 공존하더군요.

쉰이 넘은 나이에 사람 성향이 완전히 180도 변하는 것은 매우 드문 일입니다. 그러니 이 두 장군께서 천성을 갑자기 바꿨다기보다는 이전부터 품었던 성향 중 다른 쪽, 즉 용장 성향보다는 덕장 성향을 부쩍 강조해 내비치기 시작했다고 보는 것이 합리적인 해석일 듯합니다. 이는 아마도 소장과 중장 계급의 차이에서 기인한 변화가 아닐까 싶습니다. 보직마다 약간씩 차이는 존재하지만, 육군 기준으로 소장까지는 대개 전투 일선에서 성과를 낼 수 있는 '전술 지휘' 능력을 중점적으로 평가받는 편입니다.

하지만 중장부터는 이야기가 좀 달라집니다. 중장은 군단급 사령부를 지휘하는 장으로서, 최전선에 나서기보다는 예하 전투/기행 부대를 총괄해 이끄는 '통솔' 역량에 평가의 방점이 찍히기 시작합니다. 물론 제2차 세계대전 같은 전시 상황이라면 조지 패튼처럼 용장 성향이 압도적인 장성이라도 대장 진급을 노릴 수 있지만, 적어도 지금은 절대 그러한 상황이 아니죠.

군대만 그렇겠습니까, 직장도 마찬가지입니다. 어느 시점에는 실무자가 중간관리자로, 중간관리자가 임원으로 올라서는 시기가 오기 마련이죠. 진급 대상자는 그 시기에 본인이 바뀌는 롤을 잘 수행할 수 있는 인물임을 보여줘야 하는데, 많은 분이 이전 직급에서의 업무 행태를 고수하다가 미끄러지곤 합니다. 당연히 사람

습성이라는 것이 쉽게 바뀌진 않지만, 원래부터 상위 직급에 걸맞은 역량을 갖춘 분도 계시고, 정말 각고의 노력을 기울이거나 놀랄 만큼 유연한 대응을 해 끝끝내 자기 성향을 자리에 맞게 성공적으로 트는 분들도 있죠. 그렇게 해내지 못해 진급 가능성이 급락하거나, 어떻게든 승진을 해내더라도 결국 제 퍼포먼스를 내지 못하고 낙오하는 분들도 드물지 않고요. 일부 직장에서는 언론사로 치면 '전문기자'와 같이, 직급은 높여주되 관리책임은 지우지 않고 본인의 장기만 한껏 발휘할 수 있는 길을 열어주기도 하죠. 다만 외국에서야 스페셜리스트와 매니저를 분류하는 사례가 꽤 있다지만, 아직은 국내 기업에선 그리 흔히 도입하는 제도가 아니긴 합니다.

실무진일 때에는 퍼포먼스가 좋았다가 관리자에 올라선 뒤로 삐걱대는 분을 실제로 우리 주변에서 흔히 볼 수 있습니다. 상당수가 '현장 마인드'로 관리자 업무에 임하는 바람에 생기는 문제죠. 과거의 성공을 이끌었던 '승리 방정식'이 잘못됐다는 것은 아닙니다. 그저 자리가 바뀌면 기대되는 역할과 수행하는 업무의 성격이 모조리 변하니, 좋건 싫건 그것을 정확히 파악하고 본인이 맞춰나갈 필요가 있다는 것입니다. 군단장이 소대장처럼 병력 선두에서 '돌격 앞으로'를 외치고 있을 수는 없지 않나요? 직장에서도 꾸준히 성장하려면 때론 과거의 훌륭한 나를 과감히 버리고 다시 태어날 수 있는, '용장'이 '덕장'으로 변하는 정도의 중대 결단을 내릴 필요가 있지 않나 합니다.

같은 거짓말을 매년 하는 사람들

2021년에도 수능 출제위원장은 "고교 교육 과정 수준에서 예년 출제 기조를 유지했다"고 말했습니다만. 실제론 당시 수능은 6차 교육과정 이래 가장 어려웠던 '불수능'이었다는 평이 지배적입니다. 시험이 한창 진행 중이던 때까진 언어는 평이했고 수리와 외국어 영역 정도만이 약간 까다로웠다는 보도도 꽤 나왔지만, 응시를 마친 학생들의 증언이 나오자 대부분은 지난해에 비해 난도가 훨씬 올랐다 평하는 쪽으로 기사 방향을 틀었습니다.

제가 기억하기론 역대 평가원장이나 수능 출제위원

장 발언은 거의 매년 비슷했습니다. 수능이 탄생한 이래 "고교 교육과정 수준에 맞췄다" "가급적 평이한 난도를 유지했다" "수험생 부담을 최소화했다" "작년 수능 난도와 비슷하다" "올해 앞서 치렀던 모의평가와 크게 차이 없다" "초고난도 문항은 없다"라는 식의 말을 하지 않았던 때가 있기는 했나 싶습니다.

첫 수능이 1993년이었으니 같은 레퍼토리가 무려 30년 가까이 반복된 셈인데요. 첫 수능 세대의 자녀가 자라 수능을 보고도 남을 정도로 시간이 흘렀건만, 출제위원들이 하는 소리는 딱히 변함이 없었으니 그들의 말을 곧이곧대로 믿는 사람이 몇이나 있겠습니까. 게다가 정말 무난했다는 평을 받은 수능은 오히려 드물었고, 실제론 난이도 조절에 실패해 불수능이나 물수능 논란이 터졌던 해가 훨씬 많았는데 말이죠.

평가원장이나 수능 출제위원장이 진심으로 문제 수준이 평이했다 믿었기에 매년 같은 발언을 했던 것이라면, 그 자체가 안타까운 희극이 아닐까 싶습니다. 본인들은 정말로 목표를 달성했다 여겼으나 실제론 그들의 낙관에 동감한 이가 거의 없었을뿐더러, 결과조차 오히려 믿지 않은 쪽이 옳았던 것으로 거의 매해 판명이 난 꼴이었으니까요. 그저 몇 안 되는 순진한 이들만이 헛된 희망을 품다 이내 더 큰 절망을 맛보는, 그리 좋게 평가하긴 어려운 부작용만 발생했을 뿐이니, 의도만큼은 좋았다는 말조차 감히 꺼내기엔 민망할 따름이고요.

학생들조차 거듭되는 빈말은 믿질 않는데, 어른들을 상대로 반복하는 공염불마저 우리 사회 전반에 왜 그리도 많은지 모르겠습니다. 경영 상황이 나아지면 고생한 만큼 보상하겠다, 올해 연봉은 동결이지만 내년 연봉 인상엔 그만큼을 반영하겠다, 지금 당장은 비상이라 할 일이 많지만 정상 궤도에 오르면 여유가 생길 것이다, 다음 부서 배치 때에는 이번에 양보해줬던 것을 꼭 고려하겠다 등등 말이죠.

아무튼 오랜 세월에 걸쳐 남발만 됐을 뿐 지켜진 적은 없는 헛말을 되풀이하면서도 사원들은 왜 이렇게 경영진에 대한 믿음이 없냐며 하소연하는 기업이나 조직이 실제로도 적지 않은데요. 어른의 사정을 아주 이해하지 못할 바는 아닙니다만. 그럼에도 지키지 못할 말, 특히나 예전에 장담했음에도 실천 없이 내팽개친 말은 다시 주워섬기지 않는 편이 차라리 장기적으론 유리하지 않을까 하는 생각입니다. 순간이야 어떻게든 무마할 수 있을지도 모르겠으나, 결국에 세월이 흘러 맞이할 결과는 양치기 소년과 딱히 다를 바가 없을 테니까요. 이젠 학부모도 수험생도 학원가에서도 믿어주질 않는 출제위원장의 '예년 출제 기조 유지' 약속처럼 말이죠.

천재가 되어버린 박제를 아시오

공적이건 사적으로건 몇 번이고 기자와 말 섞어볼 일이 있었던 분이라면 대략 아실 듯합니다. 언론판, 그중에서도 이른바 '글발'을 특히나 중시하는 신문 업계에선 동료들이 높게 평가하는 기자와 독자들 사이에서 실제 인기가 있는 기자가 불일치하는 경우가 생각보다 매우 흔합니다.

필체가 독특하고 주제를 선정하는 센스가 참신해 사람들의 이목을 끄는 재주가 탁월한데도 정작 내부적으론 이단아 내지 열등생 취급을 당하거나, 사내에선 천하의 명필로 통하며 윗선의 총애를 듬뿍 받는 기자가 실상 대중적인 인지도는 아주 희미하다 못해 없다시피 한 상황이 비일비재하다는 것이죠.

이러한 괴리의 근원을 설명드리자면, 기자들이 오랜 기간 누려온 '정보 권력'부터 우선 짚을 필요가 있습니다. 새천년 이전 시대를 경험한 분들은 익히 잘 아시겠지만, 그 시절 언론은 독자의 피드백이란 것에 관심을 기울일 필요가 없는 집단이었습니다. 인터넷이 활성화되기 전까진 대중이 세상 소식을 전해 받을 만한 창구가 굉장히 드물었고, 그렇기에 당시엔 몇 개 되지도 않았던 언론사들이 정보를 과점하며 사회 전반에서 우월적 지위를 향유할 수 있었으니까요. 심지어는 국가 권력과 결탁한 언론이 직접 나서서 시민을 위압하는 일마저 적잖았고요. 상황이 이러했을진대, 지면에 얹히는 기자의 글 솜씨가 암만 비루하고 졸렬할지언정 이를 통렬하게 지적할 수 있던 사람이 독자 중에선 과연 몇이나 있었겠습니까.

그렇기에 적어도 21세기에 이르기 전까진 '대중의

선호'는 기자들의 평판 관리와 출세에 의미 있는 영향을 끼칠 만한 변수가 아니었습니다. 달리 말하자면, 몸담은 회사에서 인사권을 쥔 선배들에게 총애를 받기만 한다면, 세간의 평 따위는 아랑곳할 새 없이 출세 가도를 달릴 수 있었던 것입니다.

이런 연유로 문체건 내용이건 윗선의 취향에 맞춰 비트는 기자들의 글에 특징이나 개성이랄 것이 얼마나 남아 있기나 했겠습니까. 물론 그들 나름으론 상당한 파격과 변주를 시도하는 때가 잦다 말은 합니다만. 기실 바깥에서 보기엔 '실험적'인 기사마저도 결국엔 큰 틀에선 선대의 필법을 답습한 경우가 대부분입니다. 당대엔 나름 산뜻하고도 기발한 발상으로 인정받았을지라도, 후세가 보기엔 유학적 관습을 탈피한 바가 전혀 없는 것이 태반인 조선조 과거시험 답안지나 마찬가지인 셈이죠.

아무튼 이런 궤적을 밟아 성장한 이들이 현시대 간부 자리 태반을 틀어쥔 업계 사정상, 언론 쪽에선 자신만의 필치를 접어두고 선배의 글을 깊이 체득하며 따르는 이가 도리어 천재 소리를 듣는 때가 많습니다. '천재'의 필수 요소 중 하나로 반드시 꼽히는 것이 창조성이라는 사실을 감안하면 이만한 아이러니도 드물겠습니다만. 어찌 됐건 저연차 기자 입장에선 달리 방법이 있겠습니까. '천재'로 인정받기 위해 이념이고 사상이고 개성이고 취향이고 모조리 버리고선 껍데기만 남은 '박제'를 자처할 수밖에요.

사내 평판과 독자 호응이 엇갈리는 단초는 바로 이 '천재가 되어버린 박제'에서 비롯합니다. 수십 년간이나 실제 소비층의 평가나 피드백에 제대로 직면한 바 없이 '그들만의 리그' 속에서 사내 유력자의 주제 선정 방식과 테크닉만을 따른 결과는 어떠했겠습니까. 언론에선 한때 오랜 세월 대중과 유리된 고립 진화를 거듭한 탓에 소비층의 취향과는 어긋난 독자 생태계를 구축해버리며 '갈라파고스화'가 심각해진 순문학계를 준엄하게 꾸짖은 적이 있습니다만. 그들 역시 한 번쯤은 순문학계와 같은 맥락에서 자성하는 과정을 거칠 필요가 있지 않나 싶습니다.

그나마 차라리 순수 예술이라 선을 그어버리면 그만인 순문학이라면 모를까, 좋건 싫건 세상과 꾸준히 부대끼며 사람들의 이목을 끌어야 하는 저널리즘 분야에선 독자층과의 괴리를 무시하고 넘기기가 한층 더 어렵습니다. 그렇기에 언론계가 장기적으로 생존을 담보받기 위해선 '박제'를 '천재'로 떠받드는 구습을 접어두고, 전통적인 격식에선 벗어날지언정 실제 필드에서 독자들의 호응을 얻는 글을 잘 써내는 기자들을 인정하며 우대해야만 할 것입니다. 기자 대다수는 굉장히 싫어하는 말이긴 합니다만, 언론사 역시 애독해주는 이가 없으면 살아갈 방도가 막막한, 어쩔 수 없는 '기업'이니까요.

이는 비단 언론계에만 국한된 이야기는 아닙니다. 업종이 달라도 운영이 안정적인 궤도에 들어선 회사에서는, 특히 실적을 정량적으로 가늠하기 어려운 부서에서는 구성원의 실제 역량이나 실력보다는 '이미지'나 '충성심'에 기대 평가를 내리는 경우가 상당히 흔합니다.

실제로 지난 2017년 7월 대한상공회의소가 대기업

과 중견기업 직장인 700명을 대상으로 실시해 발표한 '인사평가제도에 대한 직장인 인식조사'에서는 '인사평가제도를 신뢰하지 않는다'는 답변이 대다수(75.1%)를 차지했습니다. 응답자들은 '조직공헌도(37.8%)'보다 평가자에 대한 '충성도(62.2%)'가, 그리고 '혁신적 태도(33.7%)'보다는 '보수적 태도(66.3%)'가 인사평가 결과에 영향을 더 미친다고 생각했습니다.

독자들의 이목을 보다 널리 사로잡은 기자보다 시장 반응은 끌어내지 못했을지언정 선배의 글을 열심히 필사해 그의 테크닉을 최대한 따른 기자가 조직 내에서 더 높은 평가를 받듯, 기업에서도 실제 거둔 업무 성과를 면밀히 재기보다는 윗선의 지시나 요구에 얼마나 충실히 따랐는지를 우선시해 고과를 주는 경우가 그리 드물지 않다는 것이죠.

하지만 급변하는 시장을 통찰하며 회사 성장에 기여할 수 있는 유능한 인물보다 이미 낡아버린 상사의 관념에 철저히 봉사하는 이가 우대를 받는다면, 조직의 장기적인 발전과 생존 가능성엔 적신호가 켜질 것은 당연지사일 테고요.

즉 어느 조직이건 작금의 현장 상황과는 동떨어진 구태에 충실한 '박제'를 '천재'로 대우하는 부조리만큼은 애써 피해야 한다는 것입니다. 물론 시장 반응이나 소비자 선호와는 무관하게 꾸준히 수익을 내며 자생이 가능한 업종이라면 아무래도 상관없는 문제이긴 합니다만. 경제 활동에 참여하며 이윤을 추구하는 현실의 기업 중 그러한 자유로움을 넉넉히 누리는 곳이 과연 몇이나 되겠습니까.

유머 있는 리더가 성공한다지만

"직원 중 97%는 전문성이 탁월한 상사보다 유머 감각이 있는 리더를 선호한다."

미국 헤드헌팅 업체 로버트 하프 인터내셔널RHI, Robert Half International이 실시해 발표했던 이 조사 결과는 국내발 기사나 칼럼 등에서도 드물지 않게 언급되는 편입니다. 부하직원에게 웃음을 선사하는 리더일수록 많은 사랑을 받으니, 리더십에 유머를 적극적으로 활용하라는 취지에서 말이죠.

하지만 반대로 같은 업체에서 '빈곤한 유머 감각'을 우려했다는 사실은 알려진 바가 거의 없습니다. 실제로

로버트 하프 인터내셔널은 과거 블로그를 통해 "2분에 계란 45개 먹기 기록을 세웠다" "요강에 앉아 있는 것만으로 기금 6,000달러를 모금했다"는 등의 발언을 부적절한 유머 활용 사례라고 지적했습니다. 이들은 "지나치게 장난스러운 태도나 기이한 일을 입에 담는 것은 유머 감각의 빈곤함을 드러내며 전문가적 역량을 도리어 의심받게 한다"고 평했습니다.

사실, 유머를 잘 구사하는 리더가 조직 통솔에 유리하다는 명제 자체는 걸고넘어질 만한 부분이 딱히 없습니다. 딱딱하고 재미없는 양반보다야 함께하면 웃음이 나오는 인물 쪽이 기왕이면 더불어 일하며 따르기에 부담이 덜할 테니까요.

문제는 리더 대다수는 '유머' 쪽에 필요 이상으로 치중할 뿐, '잘'의 중요성은 너무나도 쉽사리 간과한다는 것입니다. 달리 말하자면, 부하직원을 웃기려는 시도만큼은 갸륵할 정도로 거듭하지만, 막상 어떤 언행이 재미를 끌어낼 수 있는지는 깊이 고찰하지 않아 '유머 감각의 빈곤함을 드러내며' 보는 이를 도리어 불편하게 만든다는 것이죠.

비유컨대 드리블이 중요하답시고 드리블 자체는 그라운드에 설 때마다 줄기차게 시도하면서도, 정작 드리블 테크닉을 향상하려는 노력이나 적절한 드리블 타이밍을 읽는 시도는 전혀 하지 않고 실전에선 매번 죽을 쑤는 축구 선수는 그 누구라도 기괴하게 보지 않겠습니까. 마찬가지로 유머를 '잘' 구사해보려는 노력이나 고민 없이, 그저 본인 생각에만 재미진 무언가를 수신자에 대한 배려 없이 자꾸 집어 던지고선 "나는 유머로 팀을 이끈다"고 자부하는 이의 리더십은 아무래도 높이 평가하기 어려울 것입니다.

한때 '아재 개그'가 유행하던 시절, '유머 리더십'에 관심 있던 분들 상당수가 이를 활용하며 조직 장악력 강화를 노렸습니다만. 성과가 기대를 밑돌았거나, 부하 직원들의 반응이 오히려 뜨악했던 경우 대부분도 바로 '잘'을 무시했던 데에서 기인했습니다.

시전하는 분들 생각으론 아재 개그는 자기 세대의 전유물이나 다름없으니 유행에 탑승할 자신이 만만했을 테지만요. 실은 아재 개그가 근본적으로 '철 지난 개그'인 데다 썩 세련되거나 매력 넘치는 유머도 아니기에, 효율적으로 써먹기 위해선 개그 자체의 내용 이상으로 타이밍을 읽는 센스나 대화 맥락을 유지하며 적절히 파고드는 화술 등이 중요했습니다. 그럼에도 이를 몰라 본인이 아는 아재 개그를 시도 때도 없이 무작정 던지는 바람에 분위기나 평판만 현저히 망가뜨렸을 뿐 뜻하던 바는 끝내 이루지 못했던 분들이 허다했죠.

따지고 보면 유머라는 것도 습득과 체화는 물론, 자유로운 구사에 이르기까지 상당한 노력과 경험이 필요한 기술입니다. 직장인 아무나 '위트 있는 사람이 되겠다'고 결심한 순간 유머로 좌중을 휘어잡을 수 있다면, 전문 강사나 공채 개그맨이 존재할 이유가 무엇이겠습니까. 즉 진정 부하직원에게 웃음을 선사하며 리더십을 인정받고 싶다면, 만담집을 붙들고 달달 외우기에 앞서 개그를 자연스레 푸는 말솜씨나 적절한 타이밍에 유머를 구사하는 감각부터 갈고 닦을 필요가 있다는 것이죠.

다만 유머가 뭐라고 꼭 그렇게까지 해야 하나 싶으시다면, 사실 그 생각이 맞다는 말씀을 드리고 싶습니다. 유머가 리더십 발휘에 윤활유가 될지언정, 웃기는 재능은 모자란 사람이라 한들 결코 그에게 리더의 자질이 부족하다 단정 지을 순 없기 때문입니다.

실제로 지난 2020년 3월 교육기업 휴넷이 팀원급 직장인 512명을 대상으로 실시한 조사에서도, 팀장이 리더십 계발을 위해 꼭 공부했으면 하는 분야로 꼽힌 것은 '조직 관리(28.1%)', '커뮤니케이션 스킬(26.6%)', '실무(17.2%)' 정도였습니다. 재치 있는 사람이라면 커뮤니케이션 스킬 정도에서는 도움을 받을지 몰라도, 커뮤니케이션 스킬이 곧 유머와 일치하는 것도 아닌 만큼, 유머 이외 방면에서 커뮤니케이션 스킬을 다진다면 업무 수행에 별다른 지장은 없겠죠.

살짝 극단적으로 비유하자면, 축구 선수의 중요한 미덕 중 하나로 꼽히는 드리블 실력만큼은 의자도 제치지 못할 정도로 형편없는데도, 슈팅력과 위치 선정 감각이 매우 탁월해 전설적인 공격수 반열에 오른 필리포 인자기 같은 인물이 존재하는 것과 마찬가지 원리라고 생각하시면 됩니다. 리더십도 마찬가지입니다. 유머가 좀 부족하더라도 다른 분야를 충분히 단련한다면, 훌륭한 리더로 성장할 가능성은 그 누구에게나 넉넉합니다.

유머 있는 리더가 성공한다지만, 엄밀히는 인류 역사를 통틀어도 유머 없이 성공했던 리더가 훨씬 많았습니다. 리더십에는 왕도가 없으며, 설령 왕도가 있다고 가정하더라도 그 왕도가 '유머'가 아닌 것만큼은 분명합니다. 시대 풍조가 어떻건, 본인이 재미없는 리더라는 사실에 지나친 스트레스를 받을 필요까진 없다는 것이죠. 솔직히 리더십에 유머가 미치는 영향이 그렇게나 절대적이라면, 기업에선 차라리 광대를 데려오고 말지 뭐하러 여러분을 뽑았겠습니까.

때로 피할 줄도 알아야 '진짜'다

프로야구 투수 중 커리어 내에 '고의사구'를 단 한 번도 감행해보지 않은 이는 아마 드물 것입니다. 리그에서 역대로 손꼽히는 위대한 투수부터 출전 명단에 간신히 이름이나 걸치는 선수에 이르기까지 예외는 없습니다. 그것이 상대를 겁내 순간을 모면하려는 비겁의 발로가 아닌, 팀 전체의 승리를 위한 전술적 선택이라는 것은 야구팬이라면 거의 모두가 인정하는 바입니다.

그러나 기이하게도 회사 일이 맥락 없이 쏟아질 때

전략적인 판단이라며 일부를 적당히 거르는 것은 직장인으로서 범해선 안 될 패륜이며, 용납 불가한 사보타주로 간주하는 리더가 적지 않습니다. '무리다'거나 '못한다'는 발언은 그 자체로 불충이라 여기며, 흐뭇한 윗선이 스치듯 던지는 '역시 ○○○이야'라는 말에 생의 보람을 얻는 그러한 부류들 말이죠.

물론 그렇게 주구장창 떠맡는 일 전부를 별다른 잡음 없이 미끈하게 처리해낼 수 있다면야 아무래도 상관이 없겠습니다만. 현실적으론 웬만해선 그러한 여유를 기대하긴 어렵다는 것이 문제입니다. 회사 대부분은 '정상적인' 업무를 간신히 마무리 짓기에도 버거울 정도로만 인력 자원을 수급 내지 배치해둘 뿐이니까요. 그렇기에 리더가 예쁨받는 영광스런 세월 내내, 정작 일을 정말로 처리해야 하는 실무진 쪽에선 파열까지 염려되는 과부하가 걸리기 십상이죠. 심지어 리더가 충성 경쟁에 몸이 달아 팀과 '무관한' 업무까지 모조리 끌어오는 스타일이라면 이와 같은 현상은 더욱 가속되기 마련이고요.

그나마 끝내 사달이 났을 때 리더가 욕심이 과했음

을 인정하며 책임지고 수습에 나선다면 조금은 위안이 되겠습니다만. 상부에 잘 보일 목적으로 역량을 초과해 일을 끌어왔던 사람이 스스로 오명을 뒤집어쓸 각오를 다지길 기대하긴 어지간해선 어려울 것입니다.

실제로도 기껏해야 명패를 갈아 치우고선 몸을 빼는 정도가 그러한 리더들이 말하는 '책임'의 흔한 양태인데요. 실상은 남겨진 조직원들에게 뒤처리를 방기하고선 제 살길을 찾아 줄행랑친 것일 뿐이죠. 진심으로 책임을 질 요량이라면 적어도 맡은 자리에서 오욕을 감내하며 흐트러진 업무를 앞장서 정리하는 모습쯤은 보일 필요가 있겠습니다만. 사실 그만한 리더십을 발휘할 수 있는 인물이라면 애초에 일을 감당 못 할 수준에 이르기까지 넙죽넙죽 받아오지도 않았겠죠.

그렇기에 직장생활을 조금이라도 해본 사회인이라면, 그저 충심을 과시하며 좋은 이미지만을 챙기고자 상사의 부당한 제안이나 지시마저 거절하는 법이 없는 '예스맨' 스타일의 리더를 극도로 싫어하기 마련입니다. 결과적으론 실무 라인만 허구한 날 득 없는 고생에

치일 뿐이니 당연한 귀결이겠죠. 실제로 지난 2012년 취업포털 커리어가 직장인 586명을 대상으로 실시한 '최악의 상사'를 묻는 설문에서 '예스맨(51.9%)'이 1위로 꼽혔던 사례가 있습니다.

인명 피해를 무릅쓰고 156km를 더 나아갔더라면 아마도 인류 역사상 최초로 남극점에 도달한 인물로 기록됐을 영국의 탐험가 어니스트 섀클턴이 결국 목표로부터 발길을 돌리며 물러섰음에도 영원토록 리더십의 귀감으로 남게 된 것은 자신의 업적이나 영예보다 따르는 이 모두의 안녕을 우선했기 때문입니다. 개인의 영달을 위해 조직을 이용하려는 분이라면 몰라도, 진정성 있는 마음가짐으로 바른 리더십을 추구할 의사가 충만한 리더라면, 섀클턴을 위대한 인물로 자리매김한 그 '용기 있는 선택'에 대해 한 번쯤은 곱씹어볼 필요가 있겠습니다.

2부

지휘의 기술

개와 늑대의 시간

국내 한 대기업에서 실제로 있었던 일인데요. 어느 날 모 부서의 팀원 한 명이 근무 중 헤드헌터로부터 직속 상관인 부장의 평판을 묻는 전화를 받았다고 합니다. 알고 보니 그 부장은 서치펌을 통해 다른 기업으로 옮기는 협상을 은밀히 진행 중이었고, 온갖 절차를 순탄하게 넘긴 끝에 레퍼런스 체크 단계까지 이르렀던 것이었습니다.

여기까지야 달리 특별할 것도 없는, 직장생활을 하다 보면 누구나 못해도 한 번쯤은 겪는 흔해빠진 스토리입니다만.

그 부장은 부서의 본인 팀은 물론 업무로 얽힌 다른 부서까지 다각도로 폐를 끼치던, HR 업계에서 흔히 말하는 곪아 문드러진 사과 같은 인물이었다는 것입니다. 심지어 계열사에서도 그와는 함께 일하고 싶지 않다는 말이 몰래 나왔었다고 하는데요. 평판 조회를 요청받은 팀원은 그 부장과 근무하는 부서가 같았던 만큼, 당연히 가장 직접적인 피해자 중 한 명에 속했습니다. 이러한 상황에서 그 직원은 헤드헌터의 갑작스런 문의에 어떤 식으로 대응을 했을까요.

그의 선택은 바로 열과 성을 다해 부장을 칭찬하는 것이었습니다. 그리고 헤드헌터와의 통화가 끝나자마자 잽싸게 주변에 연락을 돌렸다 합니다. "그 부장 이직한댄다, 평판 조회 결과가 나빠서 탈락해 여기 남으면 안 되니, 혹시 레퍼런스 체크 들어오면 무조건 좋은 말만 해줘라"는 내용으로요.

모두의 바람과 정성이 하늘에 닿았는지, 부장은 별다른 클레임 없이 회사를 옮길 수 있었다 합니다. 떠난 부장은 행복했고, 남겨진 직원들도 행복했고, 매칭에 성공한 서치펌과 헤드헌터도 행복했고, 평이 훌륭한 인재를 얻은 회사도 행복했습니다. 먼 훗날 그 부장의 실체를 폭로하는 찌라시가 기자들 손에 넘어오긴 했습니다만. 뭐 어떡하겠습니까. 채용 절차는 이미 마무리된 지 오래였는데요.

'개와 늑대의 시간L'heure entre chien et loup'이라는 표현이 있습니다. 노을이 퍼지며 세상이 온통 붉게 물들어 언덕을 넘는 어슴푸레한 그림자가 나를 맞이하는 개인지, 나를 해치고자 달려드는 늑대인지 분간하기 어려운 해질 무렵 시간대를 일컫는 말인데요.

레퍼런스 체크에 도달한 시점은 어쩌면 채용에 있어 개와 늑대의 시간이라 말할 수도 있겠습니다. 하루가 끝날 즈음 나를 향해 달려오는 무언가가 어렴풋이 보이긴 하는데 그 정체까진 확실한 파악이 어려운 개와 늑대의 시간처럼, 후보자의 윤곽이 어느 정도는 드러나는 채용 막바지 시기지만 그를 완벽히 알았다 장담하기엔 다소 부족함이 있는 때이니까요.

석양에 묻힌 그림자의 실체를 확인하려면 가까이 다가서거나 소리를 내 불러봐야만 하듯, 후보자의 인성과 자질을 보다 분명히 들여다보려면 레퍼런스 체크를 진행할 필요가 있겠습니다만.

신호를 보냈을 때 되돌아오는 메아리가 모두 진실이라 말하긴 어렵습니다. 앞서 언급한 모 대기업 부장님 사례처럼 말이죠. 간교한 늑대가 충견을 가장해 멋모르고 접근한 사람을 덮칠 위험을 무시하기 어렵듯, 평판 조회 과정에서도 모종의 이유로 잘못된 시그널을 일부러 뿌리며 채용을 교란하는 세력이 존재할 수 있다는 것입니다.

그렇기에 후보자 검증은 데이터를 얻기 위해 접촉하는 범주가 폭넓어야 합니다. 다양한 방법으로 관찰을 시도할수록 해거름을 뚫고 오는 짐승의 정체를 바르게 파악해낼 확률이 높아지듯, 후보자 또한 품을 들여가며 다각도로 공들여 보아야 그의 본모습에 가까이 다가설 수 있다는 것이죠.

물론 후보자의 동료와 지인을 샅샅이 훑으며 진솔한

이야기를 전해줄 이를 찾는 것이 결코 쉬운 작업은 아닙니다만. 최소한 평판 조회를 요식 행위 정도로 치부하면서 응답을 쉽사리 주는 몇몇 사람의 이야기만 듣고 마는 관행만큼은 삼가야 하지 않나 싶습니다.

그 해 고3 교실은 차가웠네

제가 고3 진입을 목전에 두고 있던 시절, 2005학년도 대학수학능력시험을 마무리한 한 학년 위 선배들이 머무르던 교실에선 종종 바닥을 훑는 묵직한 냉기가 새어 나오곤 했습니다. 물론 시기가 겨울 초입이었던 만큼 학교 어느 곳을 지나건 찬 기운이 스미는 것은 어쩔 수 없었습니다만. 고3 교실 안쪽에서부터 몰아치는 한기는 계절을 감안하더라도 정상적인 수준이 아니었는데요.

이는 선배들이 시린 초겨울 날씨를 무릅쓰고 교실 에어컨을 최저 온도로 가동했던 바람에 벌어졌던 일이었습니다. 그들은 두터운 파카를 감아 두르고선 날씨 탓에 한층 더 싸늘했던 에어컨 바람을 오기로 견뎠는데요. 창 너머로 그 꼴을 구경하던 저희 입장에서야 그저 저게 뭐하는 짓일까 싶을 뿐이었습니다만. 훗날 사연을 듣고 나니 아주 이유 없이 부린 패악질까진 아니라는 생각이 들긴 했습니다.

까닭인즉, 선배들이 한창 수험생이던 시절 학부모들로부터 돈을 걷어 설치했던 에어컨을 학교 측에선 그들의 고3 여름이 다 지나도록 한 번도 틀어주질 않았다는 것입니다. 당시 국내 학원가에서 복지를 삭감하는 주된 명분이었던 '비용 절약'을 이유로 내세우며 말이죠.

오랜 공사 끝에 교실마다 달린 것은 나름 최신식 천장형 에어컨이었습니다만. 학생들 입장에서야 어차피 자린고비네 서까래에 묶인 썩다 만 굴비나 다름없는 데코레이션일 뿐이었죠. 게다가 이렇게 놀리고 있는 에어컨을 대외적으론 '학교의 자랑' 중 하나로 삼아 홍보하니 선배들은 더욱 못마땅했던 것이고요.

들려오는 바에 따르면 선배들은 수능 바로 다음 날부터 집에서 리모컨을 가져와 에어컨을 마구 틀어댔다 하는데요. 선생님들 입장에서야 달가울 일은 전혀 아니었겠습니다만. 우리나라 풍토에서 수능 끝난 고3을 그 누가 저지할 수 있었겠습니까. 그것도 그들이 뜻을 함께하며 단체로 움직이는 상황에서 말이죠. 아무튼 주동자 격이던 선배들이 입시를 완전히 마치고 발길을 끊은 뒤에야, 3학년 교실로 쓰던 층에선 비로소 스산한 기운이 흩어지며 자취를 감췄다 합니다.

사람인이 지난 2019년 9월 직장인 2,017명을 대상으로 조사한 바, 50.2%가 재직 중인 직장에 불만이 있다는 답을 내놓았다고 합니다. 응답자 전체의 회사 만족도를 점수로 환산한 값도 평균 51점(100점 만점)에 그쳤는데요.

학생들뿐 아니라 어른도 조직에 불만이 쌓이다 보면 누적된 화가 어느 시점에 어떤 형태로 터져 나올지는 예측하기 어렵습니다. 무슨 영광을 보겠다고 굳이 난동까지 부리려나 싶을 수도 있겠습니다만. 사람 행동이 꼭 이성적이고 상식적인 방향으로만 흐를 것이라 장담하기도 쉽진 않습니다. 득 될 것 하나 없고 오히려 상당한 추위와 불편만 감당해야 할 상황이었는데도 고집스레 에어컨을 틀고서 버텼던 선배들처럼 말이죠.

그러니 서로 얼굴도 붉히지 않고 상호 간에 불필요한 손해를 보는 꼴도 피하려면 조직 차원에서 늘 임직원의 목소리에 귀를 기울이며, 그들의 불만 해소에 적극적으로 임할 필요가 있을 듯합니다. 적어도 '화난다고 덤벼봐야 자기들도 다치는데 설마 망동을 하겠어' 정도로 가벼이 생각하며 넘길 일은 아니라는 것이죠. 내가 좀 긁히거나 피를 볼지언정, 미운 상대에게 어떻게든 시린 한 방을 먹일 각오로 달려드는 사람은 의외로 그리 드물지도 않으니까요.

원래 그런 조직은 없다

이번 주에도 친구 한 명이 스타트업 이적을 발표했습니다. 앞서 대기업을 떠났던 숱한 벗들과 사유는 크게 다르지 않았습니다. 이 친구의 한탄 역시 "남은 일이 없어도 야근을 요구하고, 코로나가 암만 퍼져도 술자리를 만드는 구악들과 잘 지낼 자신이 더는 없다"는 내용이었습니다. 그는 "문화를 좀 바꿔보자는 말은 적잖이 했지만, 변할 낌새는 조금도 없이 '직장생활이란 원래 그런 것'이란 답변만 거듭 돌아오니 결국 견디질 못했다"라고 말했습니다.

스타트업 모임인 스타트업얼라이언스가 2021년 10월에 진행한 조사에서 설문에 응한 대학생 중 30.5%가 스타트업 취업을 희망한다고 답했습니다. 이는 전년보다 무려 7.5포인트 오른 수치인데요. '빠른 성장으로 인한 성취감(31.1%)'과 더불어 '자율적이고 수평적인 조직 문화(24.6%)'가 스타트업을 택한 주된 이유로 꼽혔습니다.

물론 스타트업 전부가 자율적이고 수평적인 조직 문화를 보장할지에 대해선 이견 내지 반론이 존재할 수도 있겠습니다만. 아무튼 구태에 얽매일 필요 없이 원하는 조직 문화를 '만들어나갈 수 있다'는 점은 분명 신생 스타트업의 상당한 매력 중 하나죠.

사실 조직 문화를 바꾸고 또 새로이 구축할 기회를 얻는 것은 비단 스타트업만의 특권이라 말하긴 어렵습니다. 아직도 많은 기업에선 상명하복, 연공서열 등의 관행을 유지하는 명분으로 '조직이란 원래 그런 곳이며 사회생활 또한 본디 그러한 것'이라는 논리를 내세웁니다만. 조직이나 사회생활도 따지고 보면 인간 합의의 부산물일 뿐입니다. 즉 누군가가 주장하는 '원래'라 한들 사람의 동의로 만들어낸 것일 뿐 수학적 공리나 자연계의 법칙도 아니기에, 변화하는 구성원들의 뜻이나 요구를 반영하지 못할 이유도 딱히 없다는 것이죠.

변하려면 역사와 전통이 유구한 기업마저도 변합니다. 삼성전자는 2021년 11월 29일 '미래지향 인사제도' 혁신안을 발표했는데요. 연공서열을 타파하며 우수한 인재는 나이와 상관없이 중용하는 패스트 트랙Fast-track 구현이 골자였습니다.

삼성뿐이겠습니까. LG는 이미 2021년 새로 승진한 임원 10명 중 6명가량을 40대 이하에서 선발했습니다. 순혈주의로 유명했던 롯데도 최근 경쟁사 출신을 유통부문 수장으로 앉히는 파격을 감행했고요. SK 역시 2021년 12월 2일 발표한 인사에서 그룹 사상 최초로 생산직 출신을 임원으로 발탁했죠.

세상에 원래 그런 조직은 없으며, 조직이란 원래 그

런 것도 아닙니다. 그저 편하고 익숙한 방식만을 고집하며 변화를 거부하는 사람이 있을 뿐입니다.

오늘도 우리 부대는 평화롭다

영내 교회 마당에 이따금 출몰하는 고라니 새끼마저도 어지간해선 저보다 짬이 높았던 신병 시절, 그나마 위안이 됐던 점 중 하나는 제가 자대 전입을 오기 한참 전부터 '무사고 전통'이 이어져 오고 있었다는 것이었습니다.

징집을 면치 못해 군문에 발을 들인 병사 입장에서야 부대에 바라는 바가 달리 있겠습니까. 병역 의무를 마칠 때까지 몸이라도 성히 보전할 수 있다면 더할 나위가 없을 뿐이었죠. 그러한 면에서 600일을 넘게 헤아리던 무사고 표지는 사상자가 빈발하는 위험한 주둔지는 그나마 피해 배정받았다는 희망을 비추는 징표였죠.

그러던 어느 날, 선임 몇몇이 곁에서 낄낄대는 소리를 어쩌다 우연히 듣는 때가 있었습니다.

"걔 오바로크 안 치고 왔든?"

"못 봤습니다."

"그 정도 높이면 공수기장 달아야지. 어차피 상병도 가라로 쳤으면서."

"담에 하나 사다 드립니까?"

"2부소대장한테 하나 달라 그래."

얼핏 듣자 하니 얼마 전 장기 입실을 마치고 돌아온 상병급 고참을 놓고 하는 이야기인 듯했습니다. 그 양반은 특공대나 수색대 출신도 아닐뿐더러 운동 능력도 별 볼 일 없었는지라 공수교육과 인연이 닿을 구석도 딱히 없어 보였기에 시간이나 때우려는 시시한 농담이겠지 싶어 당시엔 흘려 넘기고 말았는데요.

훗날에야 알게 된 진실은 꽤나 참혹했습니다. 오래도

록 의무대에 머물러 부대원의 눈총을 샀던 그 고참은 사실 일병 즈음에 스스로 목숨을 끊으려 했다가 크게 다치는 바람에 자리를 비웠던 것이었습니다.

그는 복무에 적응하지 못해 괴로워하다 4층 높이에서 몸을 던졌다 합니다. '공수기장'은 여기에서 비롯한 멸시였습니다. 높은 곳에서 뛰어내린 경험이 있는 군인이니 공수훈련을 수료한 셈 쳐서 공수기장을 달아줘도 되겠다는 비아냥이었던 것입니다.

사고가 났던 시점은 기껏해야 제가 전입 오기 반년 전쯤이었으니, 600일 이내에 벌어진 일이라는 사실만큼은 틀림이 없었습니다. 그럼에도 그의 투신이 무사고 표지에 영향을 끼치지 못했던 이유는 무엇일까요.

뭐, 군필자라면 뻔히 아실 법한 그 답변이 맞습니다. 그렇습니다. 군에서 사고란 발생 즉시 카운트하는 개념이 아닙니다. 부대장 선에서 덮는 데 성공한 사고는 벌어지지 않은 것과 다름이 없다 치기 때문이죠. 그렇기에 스스로 손목을 그은 병사가 발견돼도, 부사관이 휴가를 나갔다 돌아오지 않아도, 상병이 통화를 오래 하는 일병을 전화 부스 밖으로 끌어내 구타해도, 상급 부대나 언론에서 감지하지 못하는 이상 대다수는 그저 없던 일이 될 뿐이었습니다.

군에서 이처럼 웬만한 사고가 '있었는데 없었던 것'이 되는 이유는 간단합니다. 알려지는 순간 지휘관과 지휘자, 달리 말해 '군 리더'들의 이력과 평가에 흠집이 나기 때문이죠. 하지만 불거지는 말썽을 억지로 눌러 덮었다 해서 갈등의 근원까지 사라지는 것은 아니니, 언젠가는 결국 묵은 병폐가 폭발해 감당이 어려운 대형 사고로 이어지기 마련입니다. 병영 내 집단따돌림을 방치한 끝에 전역을 3개월 앞둔 병장이 살인을 저지른 '제22사단 총기 난사 사건'이나, 병사 간 가혹 행위를 간부들이 묵인하다 피해자가 결국 사망하기에 이른 '제28사단 의무병 살인 사건' 등이 대표적인 사례죠.

직장에서도 마찬가지입니다. 당장 날아올 질책이나 혹시 모를 인사상 불이익이 두려워 터지는 문제를 일단 덮고 보는 리더는 그리 드물지 않죠. 고압적인 분위기를 미리 조성해서 설령 사고가 터지더라도 휘하 직원들이 알아서 보고를 사리도록 유도하는 경우도 꽤 흔하고요.

그러나 이처럼 고난을 얼버무리거나 은폐하는 성향의 리더는 따르는 이에게 믿음과 안정감을 선사해주기가 아무래도 어렵습니다. 장기적으론 이는 자연히 리더십의 약화로 이어지기 십상이죠.

실제로 미국 스탠퍼드 경영대학원 교수인 로버트 서튼은 저서인《굿 보스 배드 보스》에서 좋은 보스는 괴로운 사태가 발생했을 때 상황을 숨기지 않으며, 또한 능력이 닿는 선에서 앞날을 정직하게 예측해주고자 노력한다고 설명했습니다. 그것이 꼭 밝고도 희망으로 가득 찬 미래가 아닐지라도 말이죠. 이래저래 미래에 대한 의문이나 불확실성이 해소돼야만 팔로워들이 동요에 빠지거나 정보를 찾으려 힘쓰는 대신, 본인의 업무에 집중할 수 있다는 것입니다.

반대로 책임을 외부로 전가하거나, 정보를 은폐하

는 보스는 조직에 해를 입힌다고 서튼 교수는 설명했습니다. 투명한 소통이 이루어지고 있다는 믿음이 없으면 구성원들은 늘 불안하며, 이로 인해 만성화되는 스트레스가 조직원의 생산성을 현저히 갉아먹기 때문입니다. 실제로 지난 2006년 미국 학술지인 〈퍼스넬 사이콜로지Personnel Psychology〉에 발표된 〈Procedural Injustice, Victim Precipitation, and Abusive Supervision(절차상의 부당함, 피해자 유발 그리고 비인격적인 감독)〉 논문에 따르면, 리더의 비인격적인 행동으로 인해 미국 내 직장인이 경험하는 스트레스나 질병을 돈으로 환산하면 약 230억 달러(약 27조 6,000억 원)에 이른다고 합니다.

즉 언젠가 터질 사고를 '폭탄 돌리기'로 남에게 확실히 돌릴 수 있다면 모를까, 조직을 오래도록 이끌 리더라면 진정성에 기반한 투명한 소통이 장기적인 리더십과 생산성 유지에 훨씬 유리하다는 것이죠.

여담으로, 공수기장을 받네 마네 했던 그 선임은 어느 날엔 온몸에 시너를 뿌린 채 라이터를 매만지다 발견돼 부대를 다시 한번 뒤집어 놓았습니다. 두 사건이 일어났을때 부대 최고 책임자인 대대장은 같은 분이었습니다. 폭탄을 후임자에게 돌리고선 무사히 몸을 빼는 시나리오를 차질 없이 수행해내기도 그리 녹록지만은 않다는 것이죠. 아, 물론 이 사건을 거치고도 부대 무사고 기록은 깨지지 않았습니다. 아무튼 불이 붙은 적은 없었으니까요.

담배를 피우지 않아 원통하다

말이 나온 김에 군대 이야기를 조금만 더 풀어보겠습니다. 요즘에는 '연초'라 하면 웬만해선 전자담배부터 떠올리는 것이 보통이겠습니다만. 제가 갓 자대 배치를 받던 시절까지만 해도 연초는 군에서 헐값에 보급해주던 '디스 담배'의 대명사나 마찬가지였습니다.

병사 시급이 300원을 밑돌던 시절인 만큼, 담배를 피우는 장병들 입장에선 한 갑 가격이 고작 250원인 연초는 사실상 군 생활의 버팀목이자 희망이었죠. 매달 최대 몇 갑까지 구매 가능했는지는 정확히 기억나지 않지만, 어쨌든 흡연자치고 연초를 한도까지 사들이지 않는 이는 굉장히 드물었습니다. 오히려 비흡연자 할당량까지 끌어다 비축분을 그득히 마련해두는 것이 훨씬 일반적인 대응이었죠.

하지만 사실 저도 그 연초라는 물건을 그리 많이 보진 못했습니다. 제가 부대에 온 지 불과 두어 달 만에 2009년으로 해가 바뀌며 군용 면세담배 보급이 중단됐거든요. 값싼 담배가 병사들의 흡연욕을 조장한다는 당대 여론을 반영해 국방부 정책이 바뀐 것이었죠.

몇몇은 이러한 변화를 계기 삼아 금연을 시도했습니다. 이병 월급이 7만 3,500원이던 시절이었으니 한 갑에 못해도 2,000원씩은 넘게 써야 하는 PX 담배는 이래저래 부담이 적잖았거든요. 담배를 끊으려는 선임들이 다른 유흥거리를 적극 모색했던 통에 일·이병의 고초가 상당해졌던 부작용은 있었으나, 아무튼 결과적으론 정부가 의도한 바대로 부대 내의 흡연율에 유의미한 변화가 발생하긴 했는데요.

문제는 그로부터 몇 달이 지난 뒤, 상급 부대로부터 '금연 포상 운동' 개최 공문이 내려왔다는 것입니다. 그것은 이벤트 시작 당시 흡연 중이던 병사가 일정 기간 담배를 피우지 않으면 포상 휴가를 부여하는 내용이었습니다. 달리 말하자면, 연초 보급이 끊겼을 때부터 금연을 유지해온 병사는 수혜 대상에 포함되지 않았죠.

반발이 없을 수야 없었지만요. 그러나 군대라는 환경 특성상 일개 병사 몇몇의 볼멘소리가 반향을 일으키기에는 아무래도 어려웠습니다. 일부는 어떻게든 포상을 건져 보고자 그간 담배를 끊은 척했을 뿐 사실 몰래 피우고 있었다고 주장했으나, 흡연 여부야 하늘이 알고 땅이 알고 선임이 알고 간부가 알고 니코틴 소변 검사가 알았으니 기실 무의미한 저항에 불과할 뿐이었죠.

다음 금연 캠페인을 노린답시고 담배에 다시 입을 대는 병사가 속출할 정도로 드라마틱한 역효과가 나진 않았습니다만. 보상 설계가 다소 안이했던 탓에 부대원 일부는 사기가 오히려 떨어진 것도 사실이긴 했습니다. 연초 보급을 중단한 이래 반강제로 금연 태세에 돌입해 있던 장병이 이미 상당했으리라는 예측 정도는 국방부에서도 충분히 할 수 있었을 텐데요. 그 점을 고려해 앞질러 담배를 끊었던 병사에게도 살짝이나마 당근을 줬다면 캠페인 효과가 더 좋아지지 않았을까 하는 아쉬움이 있었습니다. 물론 애초에 국방부라는 곳이 징집병을 상대로 그런 섬세한 배려를 해줄 정도로 정겨운 집단도 아니긴 하지만요.

하지만 이런 허술함이 군대 조직만의 특성이라 말하기까진 어렵습니다. 따지고 보면 회사에서도 살짝 나사 빠진 캠페인이나 평가 및 보상 체계 탓에 구성원 사기가 도리어 꺾이는 상황이 아주 없진 않거든요.

ESG 경영을 실천한답시고 종이 문서 감쇄 대회를 벌일 때 이미 전산화 체제로 돌입한 지 오래인 부서에도 인쇄 서류를 목표치만큼 줄이라고 강요하거나, 정보보안 취약점 집중 보완 주간에 평소 관리를 잘하던 팀은 고칠 거리가 적다는 사실을 간과하고선 '참여가 저조하다'거나 '대응이 미비하다'며 질책을 하는 아이러니

한 꼴은 어느 기업을 가더라도 종종 볼 수 있으니까요.

단발성 이벤트는 고사하고 조직 전반의 일상적인 보상 구조부터가 뒤틀린 경우도 허다합니다. 사람인이 지난 2021년 11월 직장인 1,256명을 대상으로 설문 조사한 결과, 응답자 중 64.2%가 '(속한 회사의) 현재 성과 보상 체계가 적절하지 않다'라고 답했습니다. 이 중 33%는 불만을 참다못해 문제를 제기하기까지 했으나, 만족스러운 결과를 얻어낸 사례는 17.8%에 그쳤습니다.

적절한 보상이란 결국 깊은 관심에서 비롯되기 마련입니다. 자녀 양육에 빗대자면, 아이의 취향과 행동을 면밀히 알아야 선물이건 질책이건 의미 있게 할 수 있는 것과 마찬가지죠. 평소 스마트폰을 거의 쓰지 않는 아이에게 '휴대전화 사용 시간을 줄이면 상을 주겠다'고 약속하거나, 이미 내신 평균이 95점대인 모범생에게 뜬금없이 '평점을 5점 이상 올리지 못하면 최선을 다한 것이라 인정하지 않겠다'고 으름장을 놓으면 얼마나 황당하겠습니까.

뒤집어 말하자면, 엉성한 캠페인 개최나 핀트가 어긋

난 보상 제시는 외려 그 자체만으로도 회사가 구성원에 대한 이해나 관심이 희박하다는 시그널을 강렬하게 줄 수 있습니다. 그렇기에 직원을 향한 보상 체계는 최대한 꼼꼼하고도 정교하게 설계돼야 하고요. 적어도 임원진 급에서 "야, 요즘에 이런 게 있다던데 우리도 한번 해볼까?"라거나 "내가 보기엔 요런 이벤트를 해보면 다들 좋아할 듯한데 검토해봐"라며 일을 즉흥적으로 벌이는 것은 삼가야 한다는 것이죠. 좋은 뜻으로 하는 건데 무슨 불만이 그리 많냐 싶을 수도 있겠습니다만. 비록 일을 선의에 기대어 벌이더라도 그 결과까지 무조건 착할 수는 없는 법이니까요.

절약이 과연 절약일까

조선일보에 다니던 시절, 이따금 동종 업계 친구들과 술자리를 같이할 기회가 있었는데요. 어느 날 타사 동기 한 명과 만나기로 한 바로 당일에 '긴급 소집령이 떨어져서 회사로 들어가 봐야 한다'며 약속을 엎는 일이 있었습니다.

기자라는 직업 특성상 돌연히 터져 나온 사건에 일정이 망가지는 것쯤이야 새삼 이야깃거리조차 못 될 흔한 일이긴 했습니다만. 회사로 끌려가는 친구가 채팅창에 늘어놓는 푸념을 보니 이번 건만큼은 평소 겪던 고초와는 궤가 좀 다른 듯했습니다.

"이번 주 안에 보고자료 만들어야 한다고 디지털 TF팀은 전부 회사로 들어와서 국내 디지털 트렌드와 해외 언론사 디지털 전환 사례 정리하래."

지금이라고 큰 차이가 있는 것도 아니지만, 그즈음엔 더욱이나 언론사는 물론 젊은 기자들조차 태반이 '디지털 콘텐츠'나 '디지털 전환' 등 디지털 관련 제반 이슈에 감도 없고 아는 바도 부족했습니다. 더군다나 사내에서 아무나 불러 모아 '디지털 TF팀'이라고 이름을 붙여준들 그들의 디지털 지식과 소양이 갑자기 충만해질 리도 없는 것은 자명했고요.

그런 만큼 어차피 깜깜이 신세인 그들에게 조사나 자료 수집을 암만 지시한들 제대로 된 아웃풋을 기대하긴 무리일 것이 뻔했는데요. 비전문가들끼리 모여 앉아 한 주를 헤매느니 차라리 관련 전문가가 쓴 책을 사서 필요한 부분만 발췌하는 편이 낫지 않겠느냐고 묻자, 대략 이러한 답변이 내뱉듯 돌아왔습니다.

"돈 쓰지 말래."

책마다 값이 다르니 정확하게 짚기까진 어렵지만, 못

해도 10만 원 정도만 투자할 결심을 했다면, 얻어낼 수 있는 정보의 질은 물론 업무 효율 측면에서도 문외한들을 묶어두고 닦달하는 것보다야 훨씬 낫지 않았을까 싶습니다.

하지만 그 회사가 택한 길은 기자 너덧 명의 노동력을 며칠에 걸쳐 갈아 넣는 쪽이었습니다. 설령 그들이 당시 최저임금을 받았다 가정해 시급을 5,000원 안팎으로 치더라도 1명이 하루 8시간 일해 4만 원 정도를 받은 셈이니, 5일간 4명을 투입했다면 대략 80만 원 정도는 넉넉히 들이부은 꼴이죠. 게다가 주 52시간 근무제 시행 전엔 하루에 딱 8시간만 일하고 마는 기자는 언론사를 막론하고 존재했던 바가 없었으니, 회사가 TF팀의 조사에 실제로 지출한 금액은 분명 100만 원쯤은 충분히 넘겼을 것입니다.

물론 당장에 추가로 나가는 돈은 없었습니다. TF를 불러 모아 굴리건 말았건 기자 봉급은 어차피 지불해야 할 고정비용이었으니까요. 하지만 그 기자들이 회의실 한편에 묶여 잘 모르는 업무에 시달리는 대신 취재나 정보원 관리 등에 시간을 썼다면, 생산성 측면에서는 효율이 훨씬 좋았을 것은 누가 보더라도 자명합니다. 하다못해 보고는 책을 사서 해결하고 남는 시간을 디지털 관련 공부나 학습에 투여했더라도 TF팀의 역량이 훨씬 강화될 수 있었겠죠.

이 역시 언론계에만 한정돼 벌어지는 촌극은 결코 아닙니다. 기회비용이나 비교우위에 대한 고려도 하지 않고 비용을 아끼겠답시고 추가 지출을 거부하며 구성원을 이리저리 굴리는 모습은 그 어느 조직에서나 굉장히 흔하게 볼 수 있는 광경이죠.

꼭 추가 지출을 막겠다며 인건비를 낭비하는 방식으로만 '절약이 아닌 절약'이 발동하는 것도 아닙니다. 복지에 인색해서 우수한 인력을 놓쳐 생산성이 전반적으로 하락하는 상황 또한 흔히 절약을 추구하다 벌어지는 '소탐대실'의 패턴 중 하나죠.

실제로 사람인이 지난 2019년 직장인 1,605명을 대상으로 실시한 설문 조사에 따르면 58.1%가 '사내 복지제도에 대한 불만으로 이직 또는 퇴사를 고민한 적이 있다'고 했으며, '연봉이 낮더라도 복지가 좋은 곳으로 이직할 의사가 있다'는 응답자 비율이 무려 70.2%에 달했습니다. 그렇기에 조직을 꾸리는 사람들은 '비용 계산'에 보다 치밀할 필요가 있습니다. 명시적인 비용만이 실제 감당해야 하는 지출의 전부는 아니니까요.

뭐, 솔직히 조직에서 '리더'를 맡을 정도로 역량이 있는 인물 중 이 점에 대해 아예 모르거나 이해하지 못할 분은 거의 없으리라 생각은 합니다. 사람이란 아무래도 당장 눈에 보이는 돈에 휘둘리기 쉬운 생물이니까요. 그런 고로 뻔히 아는 사실임에도 아차 하는 순간 실수를 저지르기 십상이니, 리더라면 늘 이러한 '명시적 비용의 함정'을 유념할 필요가 있지 않을까 합니다.

리더의 동도서기론

지난 2021년 11월 인크루트가 기업 277곳(대기업 39곳, 중견기업 73곳, 스타트업 포함 중소기업 165곳)의 인사담당자와 경영진을 대상으로 '기업의 메타버스 활용 사례'를 설문한 결과 86%가 메타버스를 활용한 클라우드 워킹 도입을 긍정적으로 생각한다 답했습니다. 기대 효과로는 출퇴근 시간 절감 등 근무자의 '워라밸 향상(28.9%)'과 '코로나19, 독감 등 질병 감염 예방에 용이(27.6%)', '사무실 운영비 절감(21.5%)' 등이 꼽혔습니다.

그러나 같은 해 7월 엠브레인 트렌드모니터가 19~

59세 직장인 남녀 1,000명을 대상으로 실시한 설문에선 고위직은 재택근무 선호도가 비교적 낮은 경향이 드러났습니다. 설문에 따르면 재택근무에 만족했다는 응답이 평사원급에선 87.2%, 대리급은 85.1%, 과장·차장급은 83.9%에 달했으나 팀장·부장급에선 75%에 그쳤습니다.

엠브레인 트렌드모니터는 "젊은 층과 직급이 낮은 직장인은 재택근무에 만족감을 나타내고 선호하는 태도가 두드러진 반면, 중장년층과 직급이 높은 직장인은 내심 이전처럼 출근을 하고 사무실에서 근무하기를 바라는 마음을 숨기지 않았다"고 설명했습니다. 앞선 인크루트 조사와 종합해보면, 메타버스에 기반한 원격근무나 재택근무는 좋은 발전 양상이라 말하면서도, 예전처럼 업무 공간에 모여 얼굴을 맞대고 일하길 원하며 이율배반적인 입장을 보이는 리더들이 상당수 존재한다는 것입니다.

또한 사람인이 2021년 10월 직장인 1,354명에게 '업무와 관계없는 복장 규정이나 암묵적인 야근 문화에 대한 생각'을 물었을 때 경영진 내지 임원급 고위 관리자가 주로 포진한 1955~1974년 출생자들은 무려 73.1%가 '조직 생활이므로 무조건 맞춰야 한다'고 응답했는데요. 정작 같은 해 4월 전국경제인연합회가 매출 500대 기업 최고경영자를 대상으로 실시한 'ESG(환경·사회·지배구조 등 기업의 비재무적 요소) 준비 실태 및 인식 조사'에선 66.3%가 ESG에 관심이 높다는 결과가 나왔었죠. 인권을 존중하는 경영 실천이 ESG의 주요한 화두 중 하나라는 점에 미루어 보면, ESG를 강조하면서도 업무와 상관없이 직원의 권리를 침해하는 것은 아무래도 앞뒤가 맞지 않는 태도죠.

동도서기東道西器는 19세기 즈음 조선이 근대화를 추구하는 동시에 위정척사 세력을 달래고자 표방했던 구호로, 진보한 서양의 기술은 받아들이되 동양의 우월한 정신문명은 유지하며 상호 간의 조화를 도모하겠다는 것이 사상의 골자였는데요.

조선에서만 볼 수 있던 특이한 동향은 아니었습니다. 시대와 조직을 막론하고, 문화와 풍토가 격변하는 시기에는 몸에 흠뻑 밴 오랜 관습을 새로운 문물에 접목해 변화의 충격을 완화하고 기득권 상실은 최소화하려는 시도가 지배층에서 등장하기 마련입니다. 중국의 중체서용中體西用이 그러했고, 일본의 화혼양재和魂洋才 또한 마찬가지였죠.

현시대 기업 대부분에서도 이러한 양상은 마찬가지입니다. 바뀌지 않으면 도태는 불가피하다는 사실을 인정은 하더라도, 이미 익숙해진 사내 문화와 틀어쥔 권리만큼은 가급적 건드리지 않고 싶은 것이 별 수 없는 사람 마음이죠. 그렇기에 기존 질서와 최신 트렌드를 어거지로 꿰맞추거나, 심지어는 모순되기까지 하는 두 시스템을 강제로 접합해 굴리는 상황을 흔히 볼 수 있는데요.

하지만 상충하는 사고관이 오래도록 대립 없이 병존하긴 어렵듯, 기존의 가치와 기득권을 지키며 신문물을 선택적으로 받아들이려는 시도는 인류사에서 성공한 사례가 드뭅니다. 실제로 동도서기는 물론, 중체서용이나 화혼양재 모두 끝내 도래할 개혁의 시간을 잠시 늦

췄을 뿐, 그들이 도모했던 전통 세계관의 보존과 부국강병의 양립은 결국 성사시키지 못했죠.

더군다나 학계에서 동도서기는 결국 서기수용을 포기하고 동도보존만을 결사 보위하는 논리로 후퇴했다는 평가를 받듯, 기업에서도 옛 관념 위에 신사상을 구축하려는 노력은 대부분이 구습의 유지 쪽으로 기울기 마련입니다. 즉 표면적으로는 신구를 조화롭게 받아들여 점진적 발전을 추구한다 주장하지만, 실제로는 새 문명이 기존의 것을 위협하면 과거의 유산 쪽에 손을 들어주는 경우가 태반이라는 것이죠.

구습 유지에 골몰하다 보면 이름만 남은 쇄신은 흐지부지되기 십상이며, 그렇게 '동도서기'를 명분 삼아 본인들이 퇴직을 맞이하는 시점 이후까지 변화를 애써 미뤄둔 리더들이 떠나면, 그제야 피할 수 없는 개화의 바람이 이미 도태된 회사를 본격적으로 덮치고 흔들기 마련입니다. 마치 구한말 시기 한반도처럼 말이죠.

역사적으로도 종국에 살아남아 번영하는 쪽은 대다

수가 변화를 신속하게 수용하며 시대에 뒤처진 구습은 과감히 포기할 줄 아는 이들이었습니다. 회사를 떠날 날이 얼마 남지 않아 '있는 동안엔' 살던 대로 편히 살기를 바라는 리더라면 모르겠습니다만. 조직이 오래도록 살아남아 번영하길 기원하는 리더라면 '동도서기'의 유혹은 접어두고, 누리던 것을 과감히 내던지며 철저히 변신할 각오로, 진보하는 시대의 흐름을 흔쾌히 받아들이고 또 적응할 필요가 있겠습니다.

넷플릭스가 오늘도 개똥 같은 작품을 내놓았다

넷플릭스에서 제공하는 오리지널 콘텐츠는 그 수가 정확히 공개되진 않았지만, 보수적으로 잡더라도 대략 2,500개 정도 되는 것으로 추산됩니다. 이 중에서 호평을 받으며 대중에 널리 알려진 것은 넉넉히 잡더라도 5%를 넘지 않습니다. 뒤집어 말하자면, 넷플릭스가 자체적으로 만들어 공개하는 작품 중 95% 이상은 이야깃거리 축에도 끼지 못하는 평작 내지 졸작이라는 것이죠.

하지만 넷플릭스는 사실상 그 5%도 안 되는 작품들의 화제몰이에 힘입어 회사 전체의 평판과 수익 중 상당 부분을 지탱하고 있습니다. 총 산출의 50%는 전체 집단 규모 중 불과 제곱근 비율의 생산자가 창출한다는 '파레토 법칙'에 필적하는 수준의 효율을 실제로 보이고 있는 셈이죠.

"그렇다면 그 5%에 해당하는 작품만 집중적으로 생산하면 되지 않나요?" 설마 이렇게 말씀하실 분은 없으리라 믿습니다. 소비자 대다수의 취향을 직격하는 콘텐츠만 정밀하게 짚어 설계할 능력이 있었다면 애초에 제작 단계에서부터 선택과 집중을 하지 않았을 이유가 없죠.

창작물 대부분이 그러하듯, 명작이 탄생하기까진 '반드시'라 말해도 좋을 정도로 수많은 시행착오와 실패가 수반되기 마련입니다. 물론 연달아 잭팟이 터지는 고무적인 상황도 아주 없는 것은 아니지만, 기대를 걸어볼 만큼 흔히 벌어지는 일이라 말하기까진 어렵습니다.

그렇기에 넷플릭스가 쏟아내는 졸작의 물량은 명작에 비해 압도적입니다. 개똥 같다는 평을 듣는 작품 하나 덕에 선호나 혐오를 한 꺼풀 파악하고, 그렇게 얻어낸 데이터가 켜켜이 쌓이다 보면 결국엔 시청자의 기호를 섬세히 파고드는 마스터피스가 등장하는 식이죠. 그리고 그렇게 뽑힌 명작은 시간이 흐르면 어느덧 재탕조차 버거운 진부한 클리셰가 되고, 넷플릭스는 원점으로 돌아가 새로운 취향 저격 포인트를 물색하는 절차를 다시 밟아나가는 것이고요.

직장에서의 프로젝트라는 것도 대부분이 그렇습니다. 내놓는 기획이나 아이디어마다 대박을 치는 전설적인 직장인도 간혹 보이기야 하지만, 안타깝게도 평범한 우리네 삶 대다수는 그러한 무용담의 궤적에선 서너 발짝 비껴 있는 것이 사실이죠.

어찌어찌 가닥을 잡고 매무새를 다듬어 간신히 내놓은 프로젝트 태반은 시장에서 미적지근한 반응을 얻지만, 거기에서 도출된 교훈과 피드백을 긁어모아 보완을 거듭한 끝에 이따금 성과를 내는 시나리오가 보통입니다. 그렇게 낸 성과는 과거의 손해를 벌충해줄뿐더러 미래의 먹거리 마련으로까지 이어지는 것이고요.

이처럼 도약의 밑거름이 될 '실패의 발판'은 제아무리 탁월한 인재를 모시고 막대한 예산을 부어주더라도 반드시 마주할 각오를 해야 합니다. 실제로 넷플릭스가 그러했습니다. 전 세계에서 이미 기라성 같은 인재를 초빙했으나, 그들이 내놓는 작품 중 95%는 여전히 범작을 밑도는 수준입니다. 국내에서 포지션별로 축구를 가장 잘하는 선수들을 모으더라도 '원팀'으로써 역량을 내려면 합을 맞출 시간이 반드시 필요할진대, 투입한 자원이 암만 우수하더라도 어지간해선 시행착오를 거듭하는 기간을 생략하고서는 괄목할 만한 성과를 내긴 어렵죠.

그럼에도 단기 실적과 성공의 연쇄에 집착해, 설령 장기적인 발전의 토대가 될지라도 당장 마주할 실패나 손해 자체를 용납하지 않으려 드는 리더가 적잖습니다. 실제로 맥킨지가 기업 최고재무책임자CFO 1,000명을 대상으로 실시한 설문조사에서 절반 이상이 '다음 분기에 1센트라도 손실이 나는 행동을 하지 않겠다'고 응답했던 적이 있었다 합니다. E. L 로스차일드 홀딩스 회장인 린 포레스터 드 로스차일드는 '글로벌 공공

펀드 공동투자협의체CROSAPF·Co-investment Roundtable Of Sovereign And Pension Funds 2015년 연차총회' 기조연설에서 이 조사 결과를 인용하며 "이 같은 단기 성과주의는 오히려 더 큰 손실을 줄 수 있다"고 지적했었지요.

물론 근본적으로는 조직에서 리더의 역량과 실적을 조급하게 평가하는 풍토 자체부터 바뀔 필요가 있겠습니다만. 그것은 애초에 리더가 주도 가능한 개혁의 범위를 넘어선 영역이니 논외로 해두고요. 리더 차원에서 변화를 시도할 수 있는 선에서 짚어본다면, 역시 연이은 실패 끝에 기다릴 성공을 내다보며 흔들림 없이 나아가는 뚝심을 갖추는 것이 아닐까 합니다. 실패는 성공의 어머니임을 확신하며 팔로워들에게 고난 끝에 기다릴 기쁨과 영광을 설득력 있게 전파하는 능력은 분야를 막론하고 널리 인정받는 리더십의 핵심 역량 중 하나이기도 하죠.

또한 말로만 믿음을 연거푸 뇌까리는 대신, 실제 행동으로 신뢰를 보이며 조직에 안정을 선사해야 합니다. 입으로는 '실패해도 괜찮다, 너희들이 끝내 잘 해낼 것을 믿는다'라고 말하면서도 틈만 나면 진척 상황이나 성공 가능성을 묻고 프로젝트 방향을 이리저리 틀어보려 해서는 안 된다는 것이죠. 그러한 행태는 본심에 숨은 불신을 내비치는 시그널로 해석될 수 있는 것은 물론, 뜸이 들어가는 솥뚜껑을 자꾸 열어 밥을 망치는 짓과 크게 다를 바가 없습니다.

영국 총리 윈스턴 처칠은 "성공이란 열정을 잃지 않고 실패를 거듭할 수 있는 능력이다"라고 말했습니다. 실제로 그의 인생부터가 실패와 실수를 뚝심으로 버티다 커다란 성공 하나를 일군 리더의 여정 그 자체였죠. 넷플릭스는 오늘도 실패할 것이 뻔한 개똥 같은 작품을 하나 더 만들 것입니다. 그러한 졸작의 향연 없이는 명작 또한 세상 빛을 볼 가망이 요원하다는 사실을 넷플릭스의 리더들은 이미 알았습니다. 이제는 여러분 차례입니다.

나라를 위해
죽겠다는 등신새끼

요즘에야 벌이는 일마다 난항을 거듭하며 연일 휘청이는 모습만 내비치고 있지만, 불과 한 세대 전까지만 해도 도시바는 명실공히 일본을 대표하는 글로벌 전자회사 중 하나로 꼽혔습니다.

도시바 스스로는 몰락을 초래한 근원지를 자회사인 '웨스팅하우스'로 진단했습니다. 실제로 지난 2017년 2월에 열린 기자간담회에서 당시 도시바 사장이었던 쓰나카와 사토시는 '어디서부터 잘못됐나'라는 기자의 질문에 '2008년에 수주한 원전 사업'이라고 답한 바가 있습니다.

웨스팅하우스는 1886년에 창업한 미국의 유서 깊은 전기회사였으나, 지난 2006년 54억 달러에 도시바의 자회사로 인수됐습니다. 도시바는 이렇게 손에 넣은 웨스팅하우스를 앞세워 미국 내 원전 사업을 직접 수주하기에 이르렀는데요. 그것이 바로 쓰나카와 사장이 말한 '2008년의 원전 사업 건'이었습니다. 그러나 이 사업은 시행착오와 기술 부족으로 지연을 거듭한 끝에 7조 원 이상의 손실을 유발했고, 웨스팅하우스는 결국 2017년 미국 법원에 파산 신청을 하는 상황까지 몰리고 맙니다.

그러나 일본의 언론들은 웨스팅하우스의 붕괴에 앞서 한참 전부터 보다 근본적인 문제가 이미 도시바 내에 깊이 잠복해 있었다고 지적했습니다. 그것은 바로 '과잉 충성'이었습니다.

웨스팅하우스 인수나 미국 내 원전 수주 사업은 사실 전문적인 분석에 의거해 내려진 결정이 아니었습니다. 근거 없는 자만심과 경영진의 판단을 무작정 받드는 풍조가 도시바 조직 전반에 팽배했고, 그렇기에 상부에서 아무리 무모한 결정을 내리더라도 사내에서 의문을 제기하거나 재고를 요청할 방법이 없었습니다. 일본 인터넷 매체인 다이아몬드는 "합리성이 결여된 주장마저도 폐쇄적인 기업문화 속에서 반복해 내려오다 보면, 조직원들은 결국 세뇌될 수밖에 없었다"고 분석했습니다.

'도시바가 하면 안 될 게 무어냐'라는 망상에 빠진 경영진은 각 사업 부문에 실현 불가능한 수준의 목표를 제시했지만, 충심이 깊고 열정적인 실무진들은 불합리한 명령에 반기를 들지 않았습니다. 그저 각종 편법과 장부 조작 기술을 동원해 윗선의 입맛에 맞는 결과물을 만들어 바쳤을 뿐이었습니다.

그렇기에 '3일 만에 수익을 12억 엔 규모로 개선하라'는 기괴한 지시마저도 도시바에선 아무런 흠결이나 하자 없이 기한 내에 충실히 이행될 수 있었습니다. 적어도 서류상으론 말이죠. 니혼게이자이신문은 "도시바 부문장들은 목표 달성을 위해 비용 계상을 미루거나 이익을 과다 계상하는 등의 온갖 회계 부정을 수시로 자행했다"고 지적했습니다.

즉 위대했던 도시바를 망친 주역은 조직을 미워하거나 기만한 배반자들이 아니었습니다. 오히려 속한 집단에 자부심을 느끼며 상사의 지시를 성심껏 따랐던 이들이야말로 회사의 뿌리를 갉아먹는 근원이었던 것이었습니다.

근대에 불거진 이념 중 '쇼비니즘'이라는 것이 있습니다. 자국의 우월성을 내세워 맹목적인 충성과 애국을 강요하며, 이에 따르지 않거나 반대 의견을 내는 구성원은 매국노나 역적으로 몰아 배척하는 극단적이면서도 폐쇄성이 짙은 사상이죠.

이러한 양상의 이데올로기는 국가 조직에서만 발현되는 것이 아닙니다. 기업 중에도 이와 유사한 사고가 팽배한 곳은 그리 어렵지 않게 찾을 수 있습니다. 임직원에게 애사심 함양과 상명하복을 강제하며, 순순히 따르지 않는 이는 충성심 결핍과 조직 부적응을 명목으로 불이익을 주는 식이죠. 리더가 앞장서 그러한 분위기를 조장하는 회사도 흔한 편입니다. 직장에 조건 없는 애착을 품고서 상부 지시에 군말 없이 따르는 부하 직원만큼이나 다루기 쉬우면서도 유용한 것도 드무니까요.

그러나 비판 없는 집단에선 오판을 저지할 방도가 없고, 눈먼 충성심에 휩쓸려 방향을 잘못 잡은 프로젝트에 온 힘을 쏟은 구성원은 그 역량과 재능을 헛되이 소모할 뿐이죠. 그러다 보면 사내 결속은 연일 굳어지는데도 경영은 도리어 망가지는 꼴을 마주하기 십상입니다. 관리자 다수가 바라 마지않는 '모두가 한 뜻으로 일사불란하게 으쌰으쌰' 상황이 의외로 경우에 따라선 조직을 치명에 이르게 하는 독일 수도 있다는 것입니다.

제2차 세계대전에 참전했던 미군 장성 조지 패튼은 이러한 말을 남긴 바가 있습니다. "전쟁은 네가 나라를 위해 죽으라고 벌이는 짓이 아니다. 하지만 상대편의 등신새끼는 조국을 위해 죽도록 만들어라 The object of war is not to die for your country. But to make the other bastard die for his." 충성심에 경도돼 윗선의 요구를 무작정 따르며 기량과 목숨을 가벼이 던지는 것은 사실상 적을 돕는 행위나 진배 없다는 취지의 발언이죠.

그렇기에 어느 집단에서건 리더는 '맹목적인 충성과 복종'을 오히려 경계할 필요가 있습니다. 당장은 구성원이 잘못된 판단마저 의문과 비판 없이 따르는 풍토가 퍽이나 편리하고 흐뭇할지라도, 길게 보자면 조직이 위험을 미연에 감지하며 피할 방도를 스스로 거세해 두는 꼴이 될 테니 말이죠. '아랫것'들의 반박과 거절에 당장은 심기가 불편하더라도, 모두가 오래도록 번영할 수 있는 길을 택하는 것이 역시 장기적으론 유리하지 않겠습니까.

입사 일주일 만에 실종된 수습기자

어디 가서 자랑할 만한 이야기까진 아니지만, 저는 조선일보 시절 경찰서 취재 투입 바로 전날 실종 신고를 당할 뻔한 경험이 있었습니다. 입사한 지 딱 한 주가 지난 시점이었는데요.

사연은 다음과 같습니다. 드라마 PD 공채를 준비하던 중 스펙이라도 쌓아볼 요량으로 지원했던 조선일보 하계 인턴전형에서 어쩌다 운 좋게 괜찮은 평가를 받아 정규직 채용 전환까지 해내는 행운을 거머쥐었으나, 사실 당시의 저는 상당한 불안과 공포에 시달리고 있었습니다.

두려움이 비롯한 근원은 언론사 특유의 '하리꼬미張り込み' 제도였습니다. 기자들이 은어처럼 쓰는 일본어로, 수습기자가 반년여에 걸쳐 경찰서 기자실에서 숙식하며 취재에 몰두하는 관행을 뜻합니다. 주 52시간 제도는커녕 언론계 한정으론 주 6일도 당연했던 시절이라 신문 제작이 없는 토요일 단 하루만 예외로, 새벽 4시 즈음에 눈을 뜨고선 다음 날 새벽 1시에 마지막 보고를 올리기까지 하루 종일 사건사고를 찾아 떠돌거나 기사를 작성해야만 했죠. 그 와중에도 두 시간에 한 번씩은 사수에게 전화로 보고를 드려야 했고, 그때마다 지면에 올릴 만한 기삿거리를 내놓지 못하면 야단을 피할 수 없었습니다.

드라마 PD만 줄곧 고집했던 저는 어리석게도 인턴을 거쳐 채용이 성사되는 때까지 하리꼬미의 실체를 거의 모르고 있었습니다. 직무 관련 지식이라곤 그저 '수습을 떼기 전까진 뭔가 개고생을 한다던데' 정도에 막연히 그쳐 있었습니다. 여느 회사가 그렇듯 조선일보 역시 군이 인턴에게까지 업계의 농밀한 면모를 모두 헤집어 보여주진 않았으니까요.

짤막했던 사내 교육이 끝나자마자, 당장 다가오는 일요일 밤에 미리 강남경찰서 기자실로 이동하라는 지시가 내려왔습니다. 그제야 하리꼬미 지침을 상세히 들으니 정신이 아득해 왔습니다. 그런 미친 짓을 무려 6개월에 걸쳐 버텨낼 자신이 도무지 없었습니다. 이제 와 돌이켜 생각해보더라도 딱히 기우로만 치부할 걱정은 아니긴 했습니다. 저보다 윗세대 이야기이긴 하지만, 하리꼬미에 지친 기자가 승강장에서 깜빡 조는 바람에 지하철 선로로 떨어진 사건도 실제로 있었거든요. 물론 그보다 사소한 건수는 일일이 헤아리지도 못할 정도였고요. 설령 죽거나 다칠 지경에 이르진 않더라도, 하루에 세 시간만 자며 상사의 갈굼을 종일 견뎌야 하는 직장인이 건전하고 청명한 정신을 유지하는 것이 과연 쉬운 일이었겠습니까.

당시 저는 한국 나이로 스물여섯이었습니다. 그제나 지금이나 남자치고 입사가 늦었다 말하기까진 뭣한 연령대였죠. 다시 시작할 각오로 달아날 마음을 먹어볼

법도 했습니다만. 진로를 선뜻 트는 것 또한 두렵긴 매한가지였습니다. 그 해 2012년은 서브프라임 모기지론 사태에서 비롯한 미국발 금융위기로 세계가 한 차례 대충 망한 직후였습니다. 한때는 신입사원을 크루즈에 태워 중국 연수를 보내던 STX가 직원들 월급조차 제대로 못 주던, 험악하기 짝이 없던 시절이었죠. 스펙을 떠나 남녀노소 모두가 성공적인 취업을 자신하기 어려울 수밖에 없었습니다. 물론 10여 년이 지난 지금인들 상황이 더 나은 것도 아니지만요.

아무튼 하리꼬미 시작을 하루 앞둔 밤의 심경은 그토록이나 복잡했습니다. 넋두리 받아줄 곳을 찾아 여기저기 걸던 전화는 하염없이 길어졌고, 마음 푼푼한 지인들 덕에 스마트폰은 새벽녘이 되도록 쉴 새가 없었습니다.

그중에서도 유독 길었던 통화를 마친 뒤, 다시 바라본 손전화엔 부재중 통화가 10여 개 넘게 찍혀 있었습니다. 그 모든 기록의 발신자는 바로 단 한 명. 제가 배정받은 라인 사수였습니다. 수화기 너머 선배 목소리엔

질린 기색이 저보다 오히려 더했습니다.

"야, 너 살아 있지?"

나중에 듣자 하니 이 업계에선 선배가 후배에게 연락이 불가한 상황은 스마트폰이 보급된 이래 거의 없었다고 합니다. 오히려 후배는, 특히 수습기자는 설령 취재원과 통화 중이라 하더라도 어지간해선 걸려오는 선배 전화부터 우선 받는 것이 관행이었죠. 그것도 길어야 벨이 세 번 울리기 전에 말입니다.

'이미 남이랑 한창 통화 중인데 선배 전화는 무슨 수로 받나요?'라는 의문이 드실 수도 있겠습니다만. 통신사 부가 서비스 중엔 '통화 중 대기'라는 것이 있습니다. 통화 중 제3자로부터 새로운 전화가 걸려 오면, 기존 연결을 끊고 새로운 상대방 쪽으로 전환할 수 있는 기능이죠. 무료인 데다 신청 절차가 어려운 서비스도 아니었는지라 기자들 사이에선 회사를 막론하고 널리 쓰이는 기능이었는데요.

문제는 이처럼 사실상 업계 표준으로 통하는 서비스

를, 정작 수습기자를 대상으로 하는 사내·외 이론 교육 과정에선 가르치는 않았다는 것이었습니다. 그저 현장에 투입되는 시점에 이르러서야 비로소 필드 매뉴얼을 구두로 전파하는 사수가 세팅을 슬며시 지시할 뿐이었죠. 그러다 보니 이론 단계를 갓 넘겼던 당시의 저로서야 통화 중 대기가 직업상 필수 덕목인지 알 도리가 없었죠.

배움이 모자랐던 제 탓에 선배 또한 겪은 염려가 이만저만이 아니었다고 합니다. 수습이 잠적하거나 말없이 사라진 정도라면 몸이라도 성하니 차라리 다행인 수준이었고요. 과로나 긴장으로 인한 스트레스가 폭발하며 정신을 잃거나 쓰러져버렸는데, 하필 휴대전화 배터리가 방전돼 통화 불능 상태에 빠지는 위급 상황마저 아주 없던 전례는 아니라고 합니다. 선배 입장에서도 아무 걱정 없이 무심히 기다려볼 만한 상황은 결코 아니긴 했던 것이죠.

업계나 회사 입장에선 지극히 당연하고도 상식인 무

언가가 신입사원 내지 조직에 갓 합류한 뉴페이스 입장에선 굉장히 생소하고 낯선 경우도 그리 드물진 않습니다. 이러한 문화 차를 HR의 관점과 접근으로 극복하거나 줄여가는 과정이 결국 온보딩Onboarding인 셈인데요.

문제는 신참이 업무 일선에서 부딪힐 실무적 난관을 주목하기보다는 조직 동화나 애사심 고취 등 정신적인 파트에만 치중해 온보딩을 구성하는 기업이 의외로 많다는 것입니다. 입사자들을 모은 자리에서 회사의 위대한 성취나 공동체 정신 함양의 필요성에 대해선 한껏 역설하지만, 정작 직무 수행에 꼭 필요할 지식이나 테크닉은 '이론보다는 현장에서 직접 배우고 익히라'는 투로 넘기는 식이죠.

똑똑하고도 기민한 인재를 가려 뽑았으니 필드에서 살짝 구르다 보면 어련히 알아서 잘하겠지 싶을 수도 있겠습니다만. 하리꼬미도, 통화 중 대기도 낯설어 실전 투입 바로 전날부터 곤욕을 치를 뻔했던 제 경험에 비추어보건대, 온보딩 절차에서 회사에 대한 애정과 충성심을 암만 부풀린다고 한들 그것이 실무에서 필시 마주할 당혹과 참괴를 썩 효과적으로 막아주진 않는 듯했습니다.

실제로 신입 자원의 조기 퇴사엔 직무 적응 실패가 결정적인 영향을 미친다는 조사 결과가 있습니다. 지난 2019년 5월 취업포털 커리어가 기업 인사담당자 433명을 설문한 결과 신입사원이 조기 퇴사하는 이유로는 '직무 적응 실패'가 60.3%로 가장 많았습니다. '조직 적응 실패(23.6%)'와 '급여 및 복리후생 불만족(15%)'은 비중이 한참 낮았습니다.

한국경영자총협회가 2016년 6월에 전국 306개 기업을 대상으로 실시했던 '2016년 신입사원 채용 실태 조사'에서도 1년 내에 퇴사하는 신입사원이 점차 증가하는 이유로 '조직 및 직무 적응 실패(49.1%)'가 가장 많이 꼽혔습니다. 이때 역시 '급여·복리후생 불만(20.0%)'과 '근무지역·근무환경에 대한 불만(15.9%)'은 비할 바가 아니었습니다.

결국 일하는 패턴이나 방식을 능히 익히도록 유도해 주지 못한다면 새로 오는 인적자원 상당수는 연착륙에 실패하기 십상이라는 것이죠. 저만 하더라도 선배가 걱정을 내비치기에 앞서 제대로 가르친 바도 없는 직무 지식을 부족하다 힐난했다면, 자괴감과 미래에 대한 불안이 무거워 조직 잔류를 장담하기 어려웠을지도 모를 일입니다. 입사 교육과정에서 접했던 사시社是가 그 얼마나 가슴에 절절히 와닿았건 말이죠.

그렇기에 인재를 단단히 붙들 수 있는 효과적인 온보딩 준비를 위해서는 실무 노하우 전수나 직무 프로세스 안내 등 '실전적 지식' 전수에도 소홀함이 없는지를 살펴야만 하겠습니다. 직장 일이란 원래 맨몸으로 무작정 부딪히고선 하릴없이 부서지고 깨져봐야만 깊이 배우게 되는 것이라 주장하는 분도 계십니다만. 영문도 모르고 박살이 날 바에야 조직을 떠나겠다는 인재가 대다수인 요즘 세태도 어느 정도는 감안해줄 필요는 있지 않겠습니까.

삭제의 미학

"한 가지 이로운 일을 시작하는 것은 해로운 일 하나를 제거하는 것만 못하고, 한 가지 일을 만들어내는 것은 일 하나를 없애는 것만 못합니다."

몽골 제국의 관료였던 야율초재耶律楚材의 실제 능력이나 공적에 대해 이견이 많긴 합니다만. 그가 오고타이 칸에게 했던 이 진언만큼은 대체로 조직 관리와 운영의 요체를 바로 꿰뚫었다 인정해주는 편입니다. 물론 야율초재가 정말로 이러한 발언을 했다는 근거조차 빈약하긴 하지만, 화자를 떠나 말 자체만 놓고 보더라도 꽤 일리 있는 견해라는 것이 중론이죠.

지난 2018년 10월, 대한상공회의소는 상장사 직장인 4,000여 명을 조사해 정리한 '국내 기업의 업무 방식 실태 보고서'를 발표했습니다. 보고서에 따르면 설문에 응한 이들은 국내 기업의 업무 효율성을 100점 만점에 45점으로 평가했습니다. 비효율의 이유로는 '원래부터 의미 없는 업무'라는 응답이 50.9%로 가장 많았습니다. 업무 방식의 효율을 굳이 따질 것도 없이, 애초에 손댈 필요조차 없는 일에 직장인 다수는 공력을 낭비하고 있다는 것이죠.

이러한 비효율은 특히 실무를 잘 모르는 리더가 지휘봉을 잡을 때 발생하기 더 쉽습니다. 설령 잘 모르는 분야라도 아무튼 맡았으니 성과를 어떻게든 내긴 해야겠고, 현장에 밝은 실무자들의 말을 그대로 따르자니 자기만의 업적으로 돌릴 만한 '독창성'이 없는지라, 결국 본인 생각에 그럴듯하고 창의적인 뭔가를 자꾸 꺼내 들며 시도해보게 되는데요. 하지만 어지간한 천재나 행운아가 아닌 이상 비전문가의 공상만으로 현실의 벽을 뚫는 기적을 기대하긴 아무래도 어렵죠.

경험 있는 실무자들이야 어지간해선 먹혀들 가망이 애당초 없던 황당무계한 프로젝트임을 사전 단계에서부터 읽어내지만요. 어쩌겠습니까. 리더가 고집하는데요. 다른 누구도 아닌, 오로지 자신이 왔기에 창출 가능했다 내세울 만한 성과가 필요하다며 말이죠. 결국엔 경험과 지식이 풍부한 실무자라도 모든 조언을 묵살당한 채, 시키는 짓이나 어찌어찌 수행하며 시간과 정력을 하릴없이 낭비할 수밖에 없습니다.

회사가 이처럼 비전문가에게 중임을 맡기는 상황부터가 터무니없는 가정이 아닌가 싶을 수도 있는데요. 정치부만 20년 출입한 기자가 편집국장을 맡아 휘하에 놓인 문화부나 경제부를 잘 모르는 등의 흔한 사례는 제쳐두고라도요. 특정 분야 중 하다못해 세부 분과에서라도 잔뼈가 굵은 사람을 리더로 올려준다는 것은 기껏해야 체계가 탄탄한 대기업 정도에서나 통용 가능할까 말까 한 상식입니다.

50대 중반 직원이 무려 '아이패드'를 쓴다는 이유로

IT에 밝다고 판단해 난데없이 개발팀장을 맡긴다거나, 총무 커리어를 밟아온 임원이 최근 본 마케팅 서적 이야기를 꺼낸 것에 감명받은 사장이 마케팅본부장 자리를 덜컥 내주는 일도 웬만한 회사에선 심심찮게 벌어지거든요. 이러한 양반들이 장으로 앉아 헛손질을 몇 번 하고 나면 탁상공론이나 허례허식에 불과한 가욋일이 걷잡기 버거울 정도로 증식하기 마련이죠.

게다가 이렇게 탄생한 부질없는 짓들은 실패로 판명난 이후로도 손길을 끊임없이 요구하기 마련입니다. 즉 효율 개선이나 성과 달성을 이룩하지 못한 잉여 프로젝트마저도 일단 벌여 놓은 이상은 아주 버리질 못해 관리나 유지보수를 계속하게 된다는 것입니다. 리더가 자주 바뀌거나 이러한 건수가 장기간 누적된 조직이라면, 그렇게 쌓인 잡무나 폐습이 메인 업무를 압도하거나 방해하는 비극마저 이따금 벌어지곤 하죠.

그렇기에 야율초재의 말처럼, 훌륭한 일을 하나 새로이 시작하기보다 조직에 잔존한 불필요한 일을 하나 제거해버리는 것이 효율을 개선하는 면에선 훨씬 나을 수 있습니다. 이를테면 롯데는 지난 2021년 4월 '우수사례 공유 시스템'을 대폭 축소하는 개혁을 단행했습니다. 도입 취지는 좋았지만 차츰 점포 사이에 경쟁이 붙다 보니, 별별 잡스러운 건마저 쉴 새 없이 쏟아져 나오며 도리어 정보 공해나 심리적 압박으로 작용하는 역효과를 냈기 때문이었습니다.

신한라이프도 같은 해 8월 인트라넷 설문으로 비효율적이거나 삭제가 필요한 업무 169건을 제안받은 뒤 그중 150건의 폐기를 적극 검토한 바 있습니다. 신한라이프 관계자는 "임원·부서장이 바뀌어도 과거의 관행을 되돌릴 수 없도록 불필요한 업무를 완전 삭제해 효율화를 극대화하는 워크 딜리트Work Delete와 워크 다이어트Work Diet의 일환이다"라고 설명했습니다.

이는 리더의 리더인, 이른바 '장將의 장'급인 고위직이 특히 유념할 점이 아닐까 합니다. 뭐라도 해보겠다며 평지풍파를 끊임없이 일으키는 '파이팅 있는' 임원이나 중간관리자가 보기엔 기특하고 갸륵할 수도 있겠습니다만, 실상은 '예쁜 쓰레기'를 만드는 데에 조직의 역량과 잠재력을 소진하는, 오히려 한시라도 빨리 제거해야 마땅한 폐급일 수도 있다는 것이죠. 그런 면에선 야율초재의 격언을 HR의 관점으로 해석해 기민하고 영특한 인재를 하나 더 뽑는 것이, 감투를 잘못 쓴 인물 하나를 속히 정리하느니만 못하다 말할 수도 있겠습니다.

리더의
대환장 레시피

있죠. 아니, 은근히 흔하죠. 올리브유가 없을 때 버터를 쓰며 어차피 녹으면 기름이긴 매한가지라고 말하거나, 약한 불로 30분간 볶으라는 레시피를 보고 강불에 15분간 조리하면 화력이 두 배니 산술적으로 합당하지 않냐 되묻는 그런 사람들 말이죠.

이런 분들은 대체로 '어레인지'에도 적극적입니다. 설탕이 레시피에 적힌 대로 들어가면 감미가 지나칠 듯해 조금 덜어내기도 하고, 없는 중력분을 굳이 새로 사기까진 뭐하니 남은 박력분을 대신 쓰고, 시간이 없으면 양념을 버무려두는 대신 볶으며 투하해도 상관이 없을 거라고 말하죠.

문제는 그토록 내키는 대로 레시피를 개조하다 결국 요리를 망치더라도, 본인 탓이라는 생각은 전혀 하지 않는 분도 적잖다는 것입니다. 도리어 "이른바 '황금 레시피'라길래 '똑같이' 따라 했는데 이 모양 이 꼴이네" 라며 무고한 요리책이나 블로그를 매도하는 경우도 드물지 않죠.

이와 맥락이 비슷한 행동 양상은 조직을 지휘하고 이끄는 리더에게서도 은근히 자주 보이곤 합니다. 잘 모르는 분야의 업무를 추진할 때 전문가나 실무자의 조언 내지 요청을 곧이곧대로 따르는 대신, 과업 수행 방식을 임의로 조절하거나 본인 보기에 흡사한 방법론을 대신 도입하는 식이죠.

이를테면, 이것은 기업 대부분이 지금보다도 영상에 훨씬 무지하던 시절엔 정말 빈번했던 일입니다만. 수뇌부 회의에서 요새 그 유튜브란 것이 그렇게나 뜬다는 이야기가 나와버린 통에 일단 뭐라도 만들어보고자 전문가를 뽑거나 외주 업체를 선정한 것까진 좋은데요.

그렇게 초빙한 제작자가 촬영 장비를 요청했을 때 대다수는 이런 답변을 듣습니다.

"너 스마트폰 없어? 폰으로 영상 찍을 줄 몰라?"

판국이 이러할진대 와이어리스는 차마 바랄 수도 없고요. 하다못해 어도비 프리미어나 애프터 이펙트 예산이라도 편성해달라 청한들 "윈도우에 무비메이커라는 거 있다는데?" 정도의 반문이나 돌아오기 일쑤였죠. 그러니 암만 실력자를 채용한들 제대로 된 작품이 나올 턱이 있겠습니까. 요리로 치면 지중해식 음식이 유행한다며 요리사를 초빙해두고선 레몬 대신 식초를 쓰고, 오징어 대신 돼지 앞다릿살을 넣고, 민트 대신 대파를 투입하라는 꼴이나 진배없을 지경인데요.

게다가 이런 일을 벌이는 리더 대부분은 왜인지 입으론 "현장의 개성과 자율성을 존중한다"고 말하면서도 몸은 어느덧 이미 연출이나 시나리오 등에 온갖 간섭을 듬뿍 끼얹고 있습니다. 설령 제작 시점엔 관여하지 않더라도 어차피 공개에 앞서 결재를 받는 절차는 피할 수 없으며, 이 과정에서 '경박한 요소'를 빼거나

'우리 또래도 이해하도록 내용을 다듬는' 정도의 '가벼운 터치'는 거의 필연적으로 발생하기 마련입니다. "내 보기엔 여기는 좀 더 눈에 띄게 확 뻘겋게 하고, 빤딱빤딱한 것도 좀 추가하면 더 예쁘지 싶은데" 등의 '퀄리티 향상을 위한 제언' 또한 빼먹는 법이 좀처럼 없죠.

결국 그렇게 '새콤한 김치찌개'가 느닷없이 완성됩니다. 기업은 이를 '지중해식 요리'라며 시장에 자랑스레 내어놓습니다. 오래지 않아 '비상 대책 회의'가 열립니다. 제목과 섬네일을 이리저리 바꿔봅니다. 댓글 조작이나 클릭 수 부풀리기는 물론, 바이럴 마케팅에도 손을 대봅니다. 하지만 레시피를 한껏 들쑤신 시점에서 애초에 망해버린 요리라 호객 자체가 무의미합니다. 대중의 눈앞에 얼씬거리는 빈도가 늘며 욕이나 더 먹지 않으면 차라리 다행이죠. 이 지경에 이르면 잔뜩 부아가 난 리더가 이런 말을 툭 던지죠.

"전문가라고 뽑아놨더니 별거 없네."

아무리 그래도 '살짝 짚은 몇 마디'에 지중해식 요리가 김치찌개로 돌변하는 것은 이른바 '전문가'의 무능이 아니겠냐 항변하실 수도 있겠습니다만. 실상 그 '살짝'이란 것이 정말로 경미한 수준일지는 해당 실무 분야를 잘 모르는 리더 입장에서 감히 단정 지어 말할 문제가 아니긴 합니다.

요리 레시피가 잘 와닿지 않는다면 컴퓨터 쪽으로 바꾸어 생각해보죠. 아무것도 하지 않았는데 컴퓨터가 돌연 망가졌다 하소연하는 사람은 많습니다만. 막상 들여다보면 정말 '아무것도' 하지 않은 사람은 아예 없다고 해도 과언이 아닙니다. 그저 '업데이트를 하면 재부팅이 너무 오래 걸려서 끄고 지냈다'거나 '인터넷 서핑 중 뭔가 좋은 프로그램이 있다는 팝업이 떠서 설치해봤다'는 등의 '지극히 사소한 행위'는 굳이 뭔가를 했다기에도 애매해 언급을 생략했을 뿐이죠.

컴퓨터는 본체를 슬레지해머로 힘껏 후려치거나 재블린 미사일을 날려 꽂아야만 망가지는 물건이 아닙니다. 고철로 되돌리기엔 앞서 언급한 '지극히 사소한 행위'만으로도 충분합니다. 단지 저지르는 사람이 그 사실을 모를 따름이고요.

다시 요리 쪽으로 돌이키더라도 이는 마찬가지입니다. 가령 제빵에서 베이킹파우더를 몇 그램 더하고 빼는 것은 문외한 입장에선 하찮은 고민으로 보일 수도 있는데요. 실제론 그토록 미세한 계량 실수 때문에 반죽 전체가 아예 망가지는 경우는 꽤 흔합니다. 어느 분야에서건 '고작 그 정도' 손을 대는 바람에 완전히 엇나가는 문제는 수두룩하며, 그렇기에 비전문가가 잘 모르는 계통의 업무를 함부로 손대는 것은 이래저래 위험할 수밖에 없죠.

만일 여러분이 낯선 분야를 이끄는 리더 자리를 부득이하게 맡는다면, 혹은 어쩌다 보니 그러한 상황에 이미 놓여 있다면, 업무에 있어 납득이 가지 않는 구석을 당장 고치고픈 '충동'을 참아야 합니다. 특히 그 부분을 경험 풍부한 실무자가 설계해뒀고, 담당자가 그렇게 꾸려둔 이유를 명확히 설명해낸다면, 더더욱이나 섣불리 건드려선 안 됩니다.

심지어 새로 맡은 분야가 설령 이제까지 쌓아온 경험과 닿는 맥락이 있는 유사 직역이라 해도, 지식과 경험이 충분히 쌓이기 전까진 한동안 자중할 필요가 있겠습니다. 한식 요리를 오래 해온 분이 양식을 공부할 때 여러 부분을 건너뛸 수는 있지만, 그럼에도 새로이 배워야 할 것이 많다는 사실만큼은 변하지 않습니다. 중식에 통달한 사람이 한식과 일식에도 닮은 데가 있다며 무작정 나서면 과연 널리 인정을 받을 수 있겠습니까.

물론 리더 입장에서야 '내가 명색이 이끄는 입장인데 그 정도도 마음대로 못 하냐'라는 생각에 답답할 수 있겠으나, 점유한 자리가 높아졌다 해서 '주장'이 '당위'로 변하는 법은 없습니다. 리더건 팔로워건 지식에 근거하지 못한 주장은 위태로우며, 그것을 굳이 정립된 레시피 대신 활용하는 것은 리스크를 증폭하는 요인일 뿐입니다. 지위 고하를 떠나 잘 모르는 영역에선 말을 아낄 줄도 알아야 합니다. 지지위지지 부지위부지 시지야知之爲知之 不知爲不知 是知也(아는 것을 안다고 하고, 모르는 것을 모른다고 하는 것이 참으로 아는 것이다)도 중요한 처세술 중 하나니까요.

걔들이 제 글을 왜 보는데요

업체별로 다소간의 차이는 있겠습니다만. 우리나라 메이저급 종합지에서 가장 보편적으로 상정하는 독자 학력은 대졸도 고졸도 아닌 '중졸'입니다.

국가 전반적으로 교육 수준이 낮았던 시절에 잡아둔 가이드라인이 여태 유지된 듯한 감도 있습니다만. 사실 요즘이라 해도 독자가 기사 내용이나 논지를 잘못 이해하는 상황을 피하고 싶다면 중학생조차 이해에 무리가 없을 정도로 글을 풀어 쓸 필요는 있죠. 물론 그렇게까지 하는데도 여전히 소통에 난항을 겪는 독자가 아주 없다고는 말 못 하지만요.

아무튼 이 때문에 어지간히 규모 있는 매체에 속한 기자들은 직장생활을 하며 '쉽게 쓰라'는 코멘트와 압력을 자주 받는 편입니다. 다루는 주제가 아무리 난해하거나 심오할지라도 여물지 못한 풋사과마저 오독할 여지가 없도록 미끈하게 다듬어주는 것이 저널리스트의 역량이자 본분이라는 것이죠.

하지만 그 와중에도 상당한 수준의 배경지식을 요하는 기사를 꿋꿋이 써내는 선배가 계셨는데요. 어느 종합 일간지에서 특정 분야 전문기자를 맡던 분이었습니다. 별난 구석 없이 사는 일반인 기준으론 접할 일이 드문 분과를 다루는데도, 친숙한 현상에 빗대거나 눈에 익은 사물을 인용해 설명을 전개하는 등의 배려가 좀처럼 드물었죠.

어느 날 윗선에서 문득 그를 불러내 질책했던 때가 있었던 모양입니다. 덜 배운 문외한일지라도 대강은 알아먹을 정도로 글을 쉽게 좀 써내보라는 취지였죠. 그 선배의 답변은 대략 이러했습니다.

"그분들이 제 기사를 왜 봅니까?"

논문도 아닌 신문 정도에 언급되는 용어나 표현조차 이해하지 못할 분들이라면, 그것도 배워가는 학동이면 모를까 이미 성인이 된 분이 그러하다면, 어차피 그 분야와 인연 맺을 가망은 앞으로도 희박할 테니 딱히 기사 수준을 일부러 맞출 필요도 없다는 논리였죠.

선배는 전략적인 견지에서도 득보다는 실이 많다는 의견이었습니다. 전문적인 지식을 문외한마저 이해 가능하도록 녹여내려다 보면 비유를 쓰거나 단순화하는 등의 공정은 거의 필연적으로 거치게 되는데요. 이 과정에선 아무래도 정확성이나 엄밀성을 어느 정도나마 덜어낼 수밖에 없습니다. 대학원 전공 이상의 지식을 아동 학습만화로 옮길 때면 정보 손실이나 왜곡이 발생하는 것은 어찌할 도리가 없듯 말이죠.

하지만 대중 교육이나 꿈나무 육성은 소년○○에서 고민할 일이고요. 종합지의 주된 목적은 심신이 이미 무르익은 어른에게 바른 사실을 정확히 전하는 것일 테죠. 그럼에도 주요한 타깃이 아닌 계층까지 애써 품을 욕심에 팩트의 퀄리티를 덜어낸들, 매체의 격이 떨어지는 것은 물론, 자칫하면 여태 잘 보던 독자까지 등을 돌리기 십상이라는 게 선배의 지론이었습니다.

이후로도 기사 수준은 달리 변하는 바가 없었습니다. 세월이 꽤 흐른 지금도 그 선배께선 여전히 담당하는 분야에서의 활약이 훌륭합니다. 오히려 그 시절에 비해서도 한층 더 전문성 깊은 기자로 인정받고 계시죠.

그 선배께서 그때 만일 회사의 요구를 군말 없이 수용해 '중졸도 이해할 수 있도록' 글을 꺾었더라면 지금 선배의 입지나 독자의 반응엔 별다를 바가 없었을까요. 저는 솔직히 잘 모르겠습니다.

언론 쪽 이야기를 하나 더 해보죠. 요즘도 그런 것이 아주 없다고까지는 차마 말 못 하겠습니다만. '서브컬처'가 막 부상하던 2010년 중반 즈음, 각종 언론 매체에서 이를 주제로 썼던 기사들은 지금 돌이켜보더라도 아주 해괴망측한 것들이 허다했습니다.

당시 언론계 종사자의 서브컬처 관련 지식이나 이해 정도가 처참했던 것도 사태의 원인 중 하나였지만요. 보다 근본적인 문제는 '낯선 새 문화나 현상을 다루더라도 우리 기존 독자들의 이해력 범주를 벗어나선 안 된다'라는 일선 리더들의 고집이었죠.

당대 독자층이야 서브컬처에 대한 인식이나 관념이 피상적인 수준에 머무르면 차라리 다행이고, 아예 '게임은 악', '만화는 독극물'로 여기는 부류가 우세할 지경이었죠. 그 시선에 억지로 꿰맞춘 기사들은 태반이 그 퀄리티가 말도 못 할 지경이었습니다. 작품이나 현상에 대해 해석 내지 평가를 아주 엉뚱한 방향으로 전개한 것은 물론, 이해를 돕는답시고 비유나 사례를 완전히 잘못 드는 바람에 읽는 이에게 괜한 오해를 심어줬던 보도마저 수두룩했습니다.

물론 이렇게 가공된 기사 대부분은 '기존 독자'나 '서브컬처 향유층' 중 어느 쪽에게도 썩 좋은 평을 받지 않았습니다. 기존 독자 입장에서야 서브컬처에 대한 편견이 더욱 짙어졌을 뿐이었고요. 서브컬처 향유층은 내갈겨진 헛소리에 불과한 글 뭉치를 보며 분노했을 따름이었죠.

전쟁이 발발했다고 가정해봅시다. 수뇌부의 명령은 'A 도시를 목표로 진격하라' 정도로 내려올 것입니다. 그러면 예하 부대는 보유 전력과 기후, 지형 등을 고려하며 상부의 의지를 실현하기 위한 전략을 구체적으로 수립할 필요가 있습니다. 물자가 모자라면 일단 안전지대로 옮겨 보급을 기다릴 수도 있고, 자연 장애물이 있으면 극복이나 제거를 도모해야 하며, 저항이 심한 적의 세력이 발견되면 유인 섬멸이나 기동로 변경 등을 다각도로 궁리할 테죠.

하지만 현장 리더인 지휘관들이 '진격하라는 지시를 받은 이상 오로지 전진만이 있을 뿐이다'라고 외치며, 제반 전장 상황에선 눈을 돌리고 그저 A 도시에 한 걸음이라도 가까이 가는 것만을 고집한다면 어떻겠습니까. '진격 이외 명령은 없었다'는 이유로 우회기동이나 전략적 후퇴 등은 아예 계산에 넣지도 않고선, 윗선에서 하달된 두루뭉술한 지령만을 곧이곧대로 따르려 한다면 능률적인 목표 달성을 기대할 수 있을까요.

언급했던 언론계 일화들이 대체로 이러한 꼴입니다.

'지식 전달'이나 '독자층 확대'라는 목적을 세워두고 내달리는 것 자체야 딱히 나무랄 일까진 아닙니다만. 리더들이 '전문 지식'이나 '서브컬처' 등의 특수성을 섬세하게 헤아려 맞춤 전략을 세우는 법이 없이, '오로지 전진'만을 부르짖는 장교처럼 습관화된 전통 작법을 무심히 강요하는 바람에 일을 그르치기 십상이라는 것이죠.

물론 언론 종사자만이 '전략적 사고'가 결여된 리더 때문에 고통받는 것은 아닙니다. 대한상공회의소는 지난 2018년 10월 직장인 4,000명을 대상으로 '업무 방식 실태 조사'를 진행했습니다. 설문 중엔 국내 기업이 업무 목적과 전략을 분명히 세워두는 정도를 평가하는 '업무 방향성' 항목이 있었는데요. 조사 결과, 직장인들이 매긴 이 부문의 점수 평균은 100점 만점 기준으로 30점에 불과했습니다. 전략적 사고에 기반한 로드맵 없이 목표에 이르는 불분명한 길을 무작정 더듬어야 하는 상황은 한반도에서 일하는 직장인이라면 그 누구라도 빈번히 처하는 셈이죠.

앞선 언론 사례들이나 대한상공회의소의 조사 결과처럼, 리더의 역할이 고작 수뇌부의 의지를 하방에 온전히 투사하는 파이프라인에 그쳐 있다면 그 역시 오래지 않아 AI가 대체하기 좋은 직업군 중 하나에 불과할 뿐일 것입니다. 상부에서 하달하는 명령을 효율적으로 성취하기 위해선 나아가는 매 순간 마주하는 갖가지 변수나 장애에 유연히 대처할 필요가 있으며, 이 과정에서 전략적인 분석과 판단을 통해 최적의 길을 모색하고 또 안내하는 것이 리더의 마땅한 임무이며 도리이지 않겠습니까. 그렇기에 리더가 중요한 것이기도 하고요. 이를 방기하고 윗선의 지시를 앵무새처럼 읊을 뿐인 리더라면, 조직 입장에서도 그 자리엔 주크박스나 대신 앉혀두는 것이 차라리 저렴할 테죠.

칭찬받아 춤추는 고래가 새우등을 터트린다

지난 2017년, 캐나다 토론토대학 산하 온타리오 교육연구소OISE 내 잭맨 아동연구소The Dr. Eric Jackman Institute of Child Study 소속인 강 리 교수가 미국·중국 연구자들과 공동 저술해 과학 저널인 〈심리과학Psychological Science〉에 발표했던 논문 중 대략 이런 내용이 담긴 것이 있었습니다.

연구진은 3세, 5세 아이들을 데리고 추측 게임guessing game을 진행했습니다. 단편적인 정보만을 제시하고선 그것이 무엇에 대한 설명인지를 추리해 맞추는 놀이입니다. 아이들은 연령대와 무관하게 두 그룹으로 나뉘었습니다. 연구진은 게임을 하는 동안 한 그룹엔 '영리하다'며 지능에 주목하는 칭찬을 했고, 다른 그룹엔 '잘했다'며 행동을 평가하는 칭찬을 했습니다.

아이들을 한창 북돋우며 놀던 중, 연구진은 "게임을 계속하되 어떤 상황에서도 절대 커닝은 하지 마라"는 약속을 하고 잠시 자리를 비웠습니다. 이들은 대신 사전에 몰래 숨겨둔 카메라를 활용해 어른이 없는 동안 아이들이 어떤 행동을 하는지 관찰했습니다.

약속은 지켜지지 않았습니다. 남겨진 아이들은 칭찬받고 싶은 욕심에 정답을 몰래 들춰보는, '부정직한 행위'를 감행하는 모습을 보였습니다. 특히 '영리하다'는 칭찬을 받은 그룹 쪽이 '잘했다'는 칭찬을 받았던 그룹보다 커닝을 하는 빈도가 더 높았습니다. 그러한 결과는 3세와 5세 모두에서 동일하게 나타났습니다.

이 연구팀은 같은 해에 맥락이 비슷한 연구를 하나 더 발표했습니다. 그것은 또 다른 과학 저널인 〈발달과학Developmental Science〉을 통해 공개했는데요. 연구진은 일부 아이들에게만 "네가 영리하다는 평판이 있다"라고 말한 뒤 행동을 지켜봤다고 합니다. 그 결과, 이러한 이야기를 들은 아이들이 그렇지 않은 집단에 비해 부정행위를 더 쉽게 저지르는 경향이 있는 것으로 관측됐습니다.

리 교수는 "칭찬은 생각보다 복잡한 것이다"라고 말하며 "'영리하다'거나 '네가 정말 똑똑하다고 들었어' 등의 칭찬은 아이들로 하여금 다른 사람들의 기대를 충족시켜야 한다는 부담으로 다가오며, 결국엔 부정행위마저 불사하는 결과를 낳기 쉽다"고 설명했습니다.

비단 여물지 못한 어린아이들만이 칭찬에 목마른 것은 아닙니다. 미국의 컨설팅 그룹인 시세로가 지난 2015년 O.C. 태너 연구소의 의뢰를 받아 작성한 〈Employee Performance: What Causes Great Work(직원 성과: 훌륭한 성과의 원인은 무엇인가)?〉 보고서에 따르면 '당신에게 더욱 나은 일을 시키기 위해서는 회사 또는 상사가 어떻게 대응해야 하는가?'라는 질문에 가장 많이 나왔던 답변은 '나를 인정해달라(37%)'는 것이었습니다. '나는 스스로 동기부여를 하므로 딱히 필요한 것이 없다(13%)'거나 '영감을 달라(12%)', '자율성을 보장하라(12%)', '더 많은 봉급(7%)', '교육훈련(6%)', '승진(4%)' 등을 거론하는 응답은 훨씬 비율이 낮았습니다.

고래도 춤추게 한다는 속설이 도는 각성제인 만큼 칭찬이란 것은 지위고하나 남녀노소를 막론하고 강력한 효과를 발휘하지만, 향정신성 작용제가 대개 그렇듯 수반하는 부작용 또한 무시 못 할 정도로 험악한 수준입니다. 앞선 토론토대학 연구에서 시사하듯, 칭찬에 과하게 홀린 사람은 결국엔 인의예지의 도를 깨는 부정을 저지를 개연이 있거든요. 보다 많은 치하를 갈구해서든, 기대에 넉넉히 부응해야 한다는 압박에 짓눌려서든 그 어느 쪽으로건 말이죠.

특히나 리더가 칭찬에 취해 인륜의 선을 넘는 때에 가장 흔히 피해를 뒤집어쓸 축은 아무래도 그를 따르는 부서원들일 가능성이 크죠. 한국직업능력개발원 서유정 부연구위원은 지난 2016년 2월 발표한 '직종별 직장 내 괴롭힘' 연구에서 '성과주의' 확산은 직장 내

괴롭힘과 연관성이 있다고 주장했습니다. 성과주의 모델이 비교적 확고히 자리 잡은 금융·보험과 IT 서비스 업종에서 주로 업무와 직접적으로 관계된 괴롭힘이 뚜렷하게 관찰됐기 때문입니다.

달리 말하자면, '성과주의 모델' 내에서 인정을 받으려 드는 상사들은 '직장 내 괴롭힘'이라는 부정행위까지 동원하는 경우가 제법 흔하다는 것이죠. 물론 상사가 그의 상사를 괴롭힐 리는 만무하다는 것을 감안할 때, 부정한 행태의 주요한 피해자가 누구일지는 설명을 굳이 더 할 필요조차 없을 테고요.

아예 부하직원의 실적이나 공로를 노골적으로 뺏는 만행조차 그리 드물지 않습니다. 취업포털 커리어가 지난 2014년 6월 직장인 486명을 대상으로 설문한 결과 56.6%가 상사에게 아이디어를 제안하고선 불합리한 상황을 겪었다는 응답을 했습니다. 이를 타개할 방법으로 언급될 해결책으로는 '의사결정권자에게 직접 아이디어를 제안(34.9%)'하는 것과 '기획 및 최초 제안자가 단계적으로 최종 결재까지 받게 한다(24.2%)'는 것이 주요했습니다. 어떤 식으로든 '최종 결정권자'에게 직접 보고한다는 전략이 대책의 과반을 점유한 것을 보면, 리더급의 '도중 가로채기'가 실제로 세간에 얼마나 횡행하는지를 능히 미루어 짐작할 수 있죠.

취업포털 인크루트가 지난 2016년 6월에 회원 636명을 대상으로 진행한 조사에서도 직장에서 '대필 또는 대작을 한 경험이 있다'고 응답한 비율이 29%에 달했습니다. '경험하지는 않았지만 목격한 적이 있다'는 답변도 17%에 이르렀습니다. 부정행위의 주체는 당연히 모두가 윗선으로 '부서장(40%), 입사 선배(29%), 대표 혹은 임원진(20%)' 순이었습니다. 공적 가로채기나 대필은 절반 가까이가 일방적 지시로 이루어졌고, 심지어 29%는 도용하기에 앞서 분부를 내리기는커녕 사전 양해조차 없이 실적을 앗아갔다고 합니다.

짐작건대 여러분의 회사에서도 어느 구석에선 진즉 벌어지고 있는 일일지도 모릅니다. 칭찬받아 춤추는 고래가 될 욕심에 찬 리더가 애먼 새우등을 터트리는 꼴은 말이죠.

설령 부정한 구석이 있을지라도, 이래저래 리더가 파이팅 넘치게 일하면 회사 전체적으론 생산성이 오르리라 생각해, 중간관리자의 불의한 착취마저 '동기부여'의 일환으로 간주하고 방치하는 경우도 있습니다만. 그것은 기실 조직의 장기적인 역량을 소모해 부도덕한 리더의 스펙만 꾸려주는 호구 짓에 불과합니다. 실제로 앞서 언급한 인크루트 조사에 따르면 가로채기를 경험한 직원 중 67%는 퇴사까지 고려했다고 하니까요.

유능한 직원들이 거듭되는 수탈에 질려 탈출한들 기생할 숙주를 소진한 리더가 돌연 성실한 일꾼으로 탈태하겠습니까. 기껏해야 그간 빼앗은 실적을 이력 삼아 새로운 희생양이 머무는 곳으로 침투해나갈 뿐이죠. 경영진이 상황을 제대로 파악할 즈음이면 등을 내줄 새우는커녕 춤이라도 춰줄 고래마저 달아나고 없다는 것입니다.

텅 빈 어장을 보며 한탄할 즈음이면 때는 이미 늦습니다. 사태는 미연에 방지해야 합니다. 실질적인 성취를 내는 우수한 직원이 부당함과 소외를 느끼며 이직

충동에 휩싸이도록 방치해선 안 됩니다. 그러므로 수뇌부는 리더가 갖다 바치는 성과가 아무리 아름답더라도 그 결실이 산출되는 상세한 과정까지를 늘 면밀히 살필 필요가 있습니다. 리더를 한껏 돋보이게 하는 그 훌륭한 성취는 어쩌면 칭찬에 눈이 멀어버린 고래가 건실한 새우들의 등골을 꺾고 빨며 빚은 사사로운 욕망의 부산물일 수도 있으니까요.

쟤들은 그 돈 받고 하는 일이 뭔데

현재 일어난 것도 아니고, 실제 일어날 가능성도 희박하고, 절대 일어나서도 안 될 일에 거액의 돈을 쏟아부어야 할 필요를 역설하는 것이 '국방 예산'을 기획하는 사람의 가장 큰 고충이라는 말이 있습니다.

꼭 전쟁 관련한 분야에서만 그런 것만도 아닙니다. 인간이란 존재가 대개 그렇습니다. 있으나 없으나 당장은 체감되는 변화가 미미할 부문에 재화와 용역을 대량으로 투입해야 한다 말하면 어지간해선 아깝다는 생각부터 앞서기 마련이죠. 실제로도 어느 조직에서나

'유사시 대비'를 명분으로 하는 투자엔 유독 박하거나 인색한 태도를 취하는 경우가 많습니다.

아무리 그래도 즉각적인 산출이나 이윤이 없다는 이유만으로 '유지보수'나 '미래 먹거리'에 드는 비용을 끊는 한심한 기업이 세상천지 어디에 발을 붙이겠나 싶을 수도 있겠습니다만. 변변찮은 실적이나 푼돈에 눈이 멀어 창창한 앞날을 갈아 마시는 작태는 동서고금을 막론한 인류사에서 널리 관찰할 수 있습니다. 탁월한 인재가 구름같이 모인 엘리트 기업이나 체계가 단단히 잡힌 유서 깊은 조직이라고 할지라도 예외일 수는 없고요.

2021년 8월 19일(현지 시각), 일본 3대 메가뱅크 중 하나인 미즈호은행에서 전산 시스템 장애가 발생해 전국 520여 개점 창구에서 입출금이 막히는 사태가 벌어졌습니다. 전산 마비는 다음 날인 20일 오후까지 이어졌고, 아소 다로 재무대신은 이날 열린 기자회견에서 "ATM기를 사용하지 못하는 고령자에게 영향이 가고 있다. 시스템을 서둘러 복구해 고객을 제대로 대응할 것을 요청하며, 앞으로 어떻게 대응해나갈 것인지 눈여겨보겠다"고 경고했습니다. 같은 날 내각관방장관인 가토 가쓰노부도 "금융기관의 신뢰에 금이 가는 일이 벌어져 매우 유감이다"라고 말했습니다. 그러나 정부의 엄중한 경고에도 불구하고 같은 달 23일엔 미즈호은행이 관리하는 ATM 130여 대가 기동을 멈추는 문제가 재차 발생했다고 합니다.

사실 미즈호은행은 보다 앞선 시기인 2021년 초 즈음에도 시스템 오류로 지탄을 받은 전력이 있었습니다. 2021년 2월 28일부터 3월 12일까지 약 2주간 4차례에 걸쳐 장애가 발생했고, 당시 미즈호 은행장이었던 후지와라 코지가 기자회견을 열고 대국민 사과를 하는 상황까지 몰렸습니다. 그는 성난 국민 앞에서 시스템 안정화를 굳게 약속했습니다만. 결국 은행장의 맹세는 반년을 채 넘기지 못하고 공염불로 전락했습니다.

미즈호은행은 다이이치칸교은행과 후지은행, 일본흥업은행이 합병해 탄생한 시중은행으로, 최초 설립일은 무려 1873년까지 거슬러 올라가는 유구한 기업입니다.

역사를 떠나 규모만으로 미루더라도 은행 중 일본 3위, 세계 15위권 내에 드는 거대한 조직이죠. 이처럼 우량한 회사에서 2021년 한 해에만도 무려 9차례에 걸쳐 시스템 장애가 거듭 발생한 것은 상당히 이례적인 일이었는데요.

그 일련의 사고는 '당장 돈 되는 일'이 아닌 분야에서의 지출을 아까워했던 리더들의 그릇된 욕심에서 비롯했습니다. 일본 산케이신문은 미즈호은행이 메인 시스템인 'MINORI(미노리)'를 2019년 7월부터 본격 기동한 이래 서버 담당자를 60% 가까이 줄였던 것이 모든 사태의 발단이었다고 2021년 8월 말 즈음 보도했습니다. 미즈호은행의 인사 결정권자들은 시스템 자동화가 정착한 이상 서버를 관리하는 인력은 놀고먹으며 돈을 받는 잉여 전력일 뿐이라는 논리로 감축을 단행했다 합니다. 물론 정작 그 '자동화된 시스템'에 에러가 발생했을 시점엔 이미 뒷수습을 해줄 사람이 얼마 없었던 것이었고요.

게다가 2021년 11월 무렵엔 'MINORI'를 도입한 이래 시스템 연구개발 인력까지 대거 쳐냈다는 사실이

추가로 보도됐습니다. 애초에 1.0 버전부터 완벽한 시스템이란 존재할 수도 없으며, 론칭 이후로도 오류 수정이나 기능 개선 등의 후속 조치는 불가피하다는 것이 업계의 상식입니다만. 그마저도 '출시했으니 그만'이라며 비용 절감을 도모했던 것이죠. 미즈호은행은 2021년 8월 12일에야 시스템 장애 대책 예산을 100억 엔에서 130억 엔으로 증액한다고 발표했습니다.

직원의 존재 의의란 것은 당장 벌어오는 돈 액수만으로 결정되진 않습니다. 그가 존재함으로써 아낄 수 있는 지출, 그가 관리 감독을 맡은 결과 감쇄되는 리스크나 돌발 상황 요인, 심지어는 스펙이 뛰어나거나 유명한 인재가 머무르는 덕에 기대할 수 있는 회사 이미지 제고 효과까지도 모두 몸값으로 헤아릴 수 있죠. 심지어 조금 특수하게는 내가 당장 활용하기엔 제한이 있지만 라이벌 기업으로 넘어가면 엄청난 성과를 낼 인물을 우리 회사에 붙들어 놓는 것마저도 창출하는 가치로 환산하기에는 충분합니다.

즉 설령 직접 생산에 기여하는 바가 희박한 인재라

도 어떤 식으로든 회사의 경쟁력 상승에 보탬이 되는 바가 있다면, 그에게 쓰는 인건비는 결코 '노는 직원'에게 들이붓는 '돈 낭비'가 아니라는 것입니다. 미즈호은행처럼 '버는 돈 없는 놈팡이'를 쳐내려 드는 것은 바다가 잔잔한 시절에 당장 덮쳐오는 쓰나미가 없다며 경보 체계 구축이나 방조제 건설 등에 쓸 비용을 아끼려 드는 꼴과 진배없는 셈이죠.

로마 제국은 4세기 무렵 이미 《군사학 논고》를 통해 '평화를 원한다면, 전쟁을 준비하라Si vis pacem, para bellum'는 경고를 남겼습니다. 원하는 바가 있다면 원치 않는 방면에도 상당한 대비와 투자가 필요하다는 아이러니를 일찍이 짚어냈던 것이죠.

1700년 가까이 흐른 지금도 그 교훈만큼은 여전합니다. 체질 개선을 외치며 몸매를 다듬겠답시고 '불필요한' 뼈와 내장을 들어내 외관을 치장하려 드는 이는 현시대에도 허다합니다. 그렇게나 눈앞에 어른거리는 이익만 좇아 달리는 이는 리더를 맡을 자격이 없습니다. 기업 입장에선 오히려 건전한 생존을 담보하기 위해서라도 그런 인물을 한시라도 바삐 제거하는 것이 옳습니다. 진정 멀리 내다보며 조직을 위하는 리더라면, '벌어오지 않는 직원'의 가치까지 꿰뚫고선 지원을 넉넉히 하며 안정적인 수익 창출과 장기적인 이윤 극대화를 도모하는 지혜쯤은 분명 있을 테죠.

피자집에선 피자만 주문하십쇼

지극히 사사로운 견해입니다만. 저는 예술가를 두고 '기존의 스타일을 답보할 뿐 실험정신이 없다'며 비판하는 평론에 공감하지 못하는 때가 많습니다.

커리어 내내 오리지널 작품 한둘을 거의 그대로 베끼거나 짜깁기하는 지경이 아닌 이상, 예술가 본인이 가장 자신 있거나 개성이 충만하다고 생각하는 지점을 축으로 삼으며 창작 활동을 이어 나가는 것은 그렇게까지 흠 잡힐 일은 아니라고 생각합니다. 대다수 팬은 다름 아닌 그 예술가만의 장점이나 특질에 열광하는 것이며, 도리어 장차 나올 작품들조차도 배리에이션이 어떻건 그만의 고유한 특성만큼은 진하게 묻어 나와주길 바라는 경우가 많으니까요.

달리 비유하자면, 마르게리타 피자를 기가 막히게 하는 집을 놓고, 음식 평론가나 칼럼니스트들은 연일 '시카고 딥 디시가 부재한 아쉬움', '그는 콤비네이션을 두려워하는가' 등을 운운하는 글을 뿌리는 셈입니다. 정작 단골들은 다른 무엇도 아닌 그 가게의 마르게리타 피자만을 높이 평가하며 또 사랑할 뿐인데 말이죠.

그나마 피자만 거론하는 정도면 차라리 양호한 편입니다. 시비를 거는 범주가 뻗어나가다 못해 '버팔로 윙은 만들 줄 몰라서 손을 놓았는가', '주방장의 탁월한 재능을 한식에는 응용하지 않는 유감스러움에 대하여' 등으로까지 번지는 상황도 현실에선 그리 드물지만은 않으니까요.

그래서 평론이 제작자의 성장에 기여하는가 하면, 그것이 꼭 그렇지만도 않다는 것이 문제입니다. 특정 스타일의 요리만큼은 그 누구보다 잘하는 사람이라 할지라도 전문이 아닐뿐더러 딱히 배운 바도 없고 경험조차 얕은, 본인 영역 바깥 분야의 음식까지 단시간 내에 숙달하는 것은 결코 쉬운 일이 아니니까요. 마지못해 떠밀려 손댄 '뉴욕 스타일 피자'나 '이탈리안 김치찌개' 같은 신메뉴는 대다수가 기대 이하라는 혹평을 받으며 얻어맞기 일쑤죠. 더군다나 새로운 도전에 전념하다 보면 내내 잘해오던 주력 상품마저 집중력을 잃고 퀄리티가 폭락하기 십상이고요.

사태가 그 지경에 이르렀을 때, '도전'이나 '실험정신'을 부르짖던 평론가 중 책임을 지는 이를 저는 평생에 목격한 바가 손에 꼽을 지경입니다. 평지풍파로 인한 손해야 그저 가게 주인과 단골들만이 고스란히 뒤집어쓸 따름이죠. 어찌 원통하지 아니하겠습니까. 해오던 대로 마르게리타 피자만 잘 만들었으면 모두가 영원토록 행복했을 텐데. '마르게리타 피자 명인'이 만드는 김치찌개를 굳이 바랐던 이는 누구 하나 없었건만.

어르신 중엔 왜인지 유독 '도전'이나 '융합' 같은 것을 좋아하는 분들이 참으로 많습니다. 그래서일까요. 멀쩡히 제 할 일 하던 친구들을 급작스레 불러 모아 놓고선 새로 떠오른다는 분야의 지식이나 기술 함양에 '도전'해 '융합형 인재'로 거듭날 것을 종용하는 꼴을 어느 산업 현장에서나 흔히 볼 수 있는데요.

사실 이 글을 쓰고 있는 저부터가 신문기자로 사회생활을 시작했음에도 디지털 콘텐츠에 홀려 사내·외에서 그쪽 방면으로 커리어를 쌓았습니다. 이직한 회사에선 콘텐츠 플랫폼 설계·제작·운영 총괄을 맡아 PO·PM·기획자로서 일한 것은 물론, 그 와중에 디지털 콘텐츠 기획·제작·에디팅·마케팅까지 두루 섭렵한 업계 극한의 끔찍한 혼종입니다만. 차라리 제가 직접 겪어본 일인 만큼 자신 있게 그어 말할 수 있겠습니다.

'새로운 분야에 도전'해 지식과 기술을 얻으며 '융합형 인재'가 되는 성장 궤적은 아무나 밟을 수 있는 루트도 아니며, 시도하는 모두에게 도움이 되는 것도 결코 아닙니다.

기본적으로 기능의 육성에 있어 학습자의 적성이나 잠재력 등을 무시하면 그 진행이 순조로울 턱이 없습니다. 하다못해 게임으로 치더라도 그것은 부연이 필요 없는 상식 중의 기본 상식입니다. 실제로 정교한 맛이 도통 모자란 게임마저도 어지간하면 적성에 맞지 않는 능력치나 스킬은 습득이 굉장히 어렵거나 억지로 배운들 제 효력을 발휘할 수 없도록 설계해두는 것이 보통입니다. 이를 간과하고 아무 기술이나 찍다 보면 종국엔 외려 어느 방면에서도 내세우기 애매한 망한 캐릭터, 이른바 '망캐'가 튀어나오기 일쑤죠.

상식적으로도 요즘 유행이라는 이유로 록발라드 가수에게 트로트 학습과 창법 구사를 강요하면 발전적 성과를 낼 수 있는 인물이 몇이나 되겠습니까. 혹은 요새 웹소설이 뜬다면서 순수문학 작가에게 그들의 필법을 따라 한 신작을 내놓아보라고 한들, 제대로 미션을 수행할 수 있는 분은 과연 얼마나 있을지는 의문입니다.

오서오능鼯鼠五能이라는 말이 있습니다. 날 줄 알지만 지붕은 못 넘고, 나무를 올라도 타넘지는 못하며, 수영은 해도 골짜기는 못 건너고, 굴을 파지만 제 몸은 못 감추며, 달릴 줄 알아도 사람을 앞지를 수는 없는 날다람쥐의 특성을 가리킵니다. 날다람쥐가 그 재주는 무려 다섯에 이르더라도 막상 특출난 기술엔 다다른 바가 없듯, 여러 가지를 조금씩 잘하는 것은 한 가지에 집중하느니만 못하다는 것이죠.

리더들도 욕심이 과해선 안 됩니다. 휘하에 둔 이가 이미 잘하는, 최소한 탈은 없이 수행하는 업무 이외에도 뭔가를 더 의욕적으로 배우며 '답보'를 깨고 '발전'해나가길 바라는 분이 꽤 많습니다만. 안타깝게도 그가 손에 익은 분야 바깥에서도 역량을 무난히 발휘하리라는 보장은 전혀 없습니다. 괜한 김치찌개에 신경을 쏟느라 마르게리타 피자 퀄리티까지 놓친 주방장처럼, 오히려 본업에나 지장이 가지 않으면 차라리 다행이죠.

물론 세상엔 두 가지 이상의 분야를 능숙히 섭렵하고 시너지를 발휘해 성과를 내는 우수한 인물도 분명 존재는 하지만요. 냉정히 생각해보면 그런 인걸을 휘하에 거느리고 있을 복 받은 리더가 몇이나 되려나 싶긴 합니다. 태반은 그 능력이 사뭇 다른 업무를 통섭하는 차원까진 도달하진 못할 테고, 그런 이들에게 가욋일을 무리해 가르친들, 날갯짓도 하고 땅을 파헤칠 줄도 알고 나무도 이따금 타지만 모두가 따지고 보면 미숙한 경지에 그친 누고재螻蛄才에 불과한 인재를 양산할 뿐일 것입니다. 대부분의 경우엔 가장 잘하는 분야를 더 잘할 수 있도록 지원해주는 것이 가장 효율적이고도 합당한 전략입니다.

피자집엔 피자만 주문해주시길 바랍니다. 내 보기에 잘해낼 것 같다며 솔직히는 본인도 잘 모를 미답의 길을 병행하길 함부로 강권하진 말아주시길 부탁드립니다. 남은 생을 책임져주거나 손해를 보는 만큼 배상을 해줄 준비가 없다면, 품은 재능이 분명치 않은 자에게 도전과 실험을 감히 권하지 말아주십시오. 본인의 아쉬움이나 어림짐작에 기대 부하직원들의 커리어를 꼬아버릴 권리는 그 어느 리더에게도 없으니 말입니다.

feat. 중독성 주의

"최근 남조선 군부가 새 '륙군군가'라는 것을 만들어 공개한 것이 사회적 비난거리로 되고 있다. … 새로 만든 '륙군군가'의 가사에는 'The', 'Go Warrior Go Victory', 'We', '아미타이거', '워리어 플랫폼 최강의 전사', 'AI 드론봇 전우와 함께' 등의 외국어와 잡탕말이 무려 27%나 들어 있다고 한다.

…이와 관련하여 남조선 언론, 전문가들은 '륙군군가'에 외래어가 전체 가사의 27%를 차지하는 것은 세상에 없는 수치이다. '륙군군가'에 영어를 꼭 넣어야 하는지 도무지 리해가 되지 않는다. 미국의 대포밥, 노복

이라는 것을 자랑하고파 하는 '군가' 같다고 평하였다."

보시는 바와 같이, 북한의 선전 매체 '메아리'는 2021년 5월 18일에 내보낸 기사를 통해 대한민국 육군의 군가 '육군, We 육군(이후 '육군, 우리 육군'으로 개칭)'에 맹비난을 퍼부었는데요.

물론 인민공화국에서 우리네 국군이 하는 사업에 좋은 평을 하면 오히려 두려울 일입니다만. 북한과의 관계 문제를 제쳐 놓고 보더라도 이 '육군, We 육군' 군가가 국내에서도 굉장한 비판을 받았던 것만큼은 사실입니다. 영어로 떡칠된 가사는 센스가 심히 부족한 탓에 경기체가보다 유치찬란하며 촌스러울 지경이었고, 곡조마저도 언밸런스하고 난잡해 참고 들어주기가 심히 불편했습니다. 거기에 나름 유행을 따라 보겠다며 제목에 'feat. 중독성 주의'라는 꼬리를 붙인 것이 조악한 퀄리티와 극명한 대비를 이루는 바람에 네티즌을 되레 한층 더 세차게 자극했고요.

실제로 육군이 유튜브에 공개했던 이 군가 원본 영

상은 비공개로 바뀌기 전에 '좋아요 대 싫어요' 비율이 무려 1 대 25까지 벌어지기도 했습니다. 25 대 1이 아닌, 1 대 25입니다. 군필자 중 다수가 품은 군가에 대한 은근한 트라우마나 반발심을 고려하더라도 이 정도로 혐오와 거부감을 노골적으로 표출하는 상황은 유례가 없었습니다.

육군은 "지난해 11월부터 육군 전 장병 대상 공모를 통해 우수작으로 입상한 작품들을 토대로 육군 공보정훈실에서 가사를 완성했다. 신세대 장병의 취향을 고려해 전통 가락을 도입한 신군가로, 전통 가락인 자진모리풍의 곡과 신명 난 가사의 반복적 후렴구로 묘한 중독성을 갖고 있어 장병들의 반응이 좋다"고 선전했습니다만.

얼마 지나지 않아 그놈의 '신세대 장병의 취향'이란 것도 '장병 대상 공모'와는 무관한 곳에서 임의로 정해졌다는 사실마저 폭로되고 말았습니다. 달리 말하자면, 실제 젊은이들의 의견을 반영한 바텀-업bottom-up 방식이 아니라, 수뇌부가 '젊은 애들은 이런 거 좋아하겠지' 식으로 어림짐작해 가사에 반영하고선 '신세대 스타일인 트렌디한 작품'이라며 자화자찬하는 보도자료를 뿌렸다는 것이죠.

그러한 정황은 이채익 국민의힘 의원이 국방부로부터 제출받아 2021년 5월 19일 공개한 사업계획서에서 드러났습니다. '장병 및 군무원들에게 포상금 210만 원을 걸고 가사를 응모해 만든 노래'라는 육군의 종전 설명과는 달리, 사업계획서엔 '육군, We 육군'의 가사는 전문 작사가에게 300만 원을 주고 의뢰해 만든 것으로 기록돼 있었습니다.

또한 해당 문건에 따르면 음원 녹음 직전 '의견 수렴/보완' 절차에 '3성 장군 회의 시 토의'를 거치는 절차가 있었다 합니다. 뭐 육군은 "(군 상층부의 가사 개입은) 절대 없었다. 문제가 된 가사 대목들은 실제론 나이 드신 분들이 오히려 더 낯설어했다. 다만 우리로서는 아미타이거·워리어 플랫폼으로 가야 하고 미래 첨단 육군을 위해 나아가자는 큰 방향에서 그렇게 가사가 나온 것일 뿐, 다른 의도가 개입된 바는 없었다"고 해명했지만요. 판단은 독자 여러분께 맡기겠습니다.

시골 출신인 분들은 공감하실 텐데요. 퇴비 냄새라는 것은 사실 썩 구수하지도 향기롭지도 않습니다. 저 역시 거의 매해 두엄 냄새를 맡아왔으나 이 나이에 이르러서도 그 악취 속에서 푸근한 구석은 딱히 찾지 못했습니다.

찡그리는 저희 곁에서 "거름 냄새를 잘 맡아야 키가 큰다"며 달래시던 부모님마저도 사실 그 진동하는 고린내 속에선 표정이 썩 밝진 않으셨습니다. 그런 면에선 성장 운운하는 소리도 피하기는 애초에 틀려먹은 팔자니 즐겨 보기나 하라는 취지였을 뿐, 어른들도 진심으로 그리 생각해 하는 말씀은 아니지 싶긴 했고요.

촌에서 평생을 보낸 어르신마저 가까이 맡으면 머리통이 깨질 듯하다는 그 퇴비 썩는 내음을 예찬하는 분들 중 상당수는 오히려 두엄이라는 것의 본새조차 잘 모르는 모던한 도시민이었습니다. 촌구석 때가 묻은 입장에선 이따금은 대체 왜들 그리 찬미가 열렬하나 싶은 생각이 들 정도였습니다. 저희라고 고향을 굳이 거름 냄새로 기억하고 싶겠습니까. 기왕이면 라일락이나 재스민 향 같은 것이 훨씬 낫겠죠.

공연히 말이 장황했습니다만, 군가 이야기나 거름 이야기나 사실 요지는 매한가지입니다. 어른이라면, 특히 리더라면 잘 모르는 영역에 대해선 괜한 소리를 앞세우는 대신, 제대로 알아보려는 노력을 하거나 차라리 아예 말을 말라는 것입니다. 요즘 젊은 애들의 선호를 선불리 짐작하는 바람에 해괴한 곡조를 '트렌드'라고 자랑한 육군이나, 시골 사람 듣기엔 뜨악하도록 거름 내음 찬양을 해대는 도시 촌놈의 우를 범하지는 말자는 것이죠.

이러한 맥락에서 최근 리더들이 가장 실수를 저지르기 쉬운 화두는 아마도 'MZ세대'가 아닐까 합니다. 그들이 일하는 법이나 노는 스타일은 물론, 심지어 성관계 방식까지 이렇다 저렇다 하며 규정하는 기사나 평론이 많습니다만. 정작 MZ세대 본인들 대다수는 MZ세대를 허구에 가까운 개념으로 취급합니다. 즉 기업이나 미디어에서 떠드는 바와는 달리, MZ세대로 묶이는 1980~2009년생 전부가 두루 공유하는 취향이나 정서 등은 현실 세계엔 전혀 존재하지 않는다는 것이죠.

실제로 여론조사업체인 한국리서치가 2022년 2월 전국 만 18세 이상 남녀 1,000명을 대상으로 진행한 '한국 사회의 세대 구분 방식에 대한 인식 조사'에 따르면, 응답자 가운데 68%는 M세대(1980~2000년대 초 출생)와 Z세대(1990년대 중반~2000년대 초 출생)가 서로 비슷한 경험과 가치관을 공유하고 있지 않다고 했습니다. 특히 'Z세대'에 속하는 응답자 중 61%는 M세대와 Z세대를 하나의 세대로 묶어서 MZ세대로 지칭하는 것 자체가 애초에 적절하지 않다는 반응이었습니다.

상식에 기대 생각해보더라도 1980년에 태어난 사람은 2009년생 자녀가 있어도 이상할 구석이 전혀 없는 나이입니다. 전 세계 어느 나라를 가더라도 간극이 30년 가까이 벌어진 부모와 자녀 세대를 같은 범주로 묶어 설명하려 들면 인정을 받기 어려울 것입니다. 하물며 우리나라처럼 1980년대, 1990년대, 2000년대 이후가 아예 서로 다른 국가라 해도 무리가 없을 정도로 격변을 거듭하는 다이내믹한 사회에서 그러한 접근이 가당키나 하겠습니까.

우리가 지금 살아 숨 쉬는 이 땅은 고속버스 좌석마다 재떨이가 있고 올림픽대로 왕복 8차선을 무단횡단하는 시민이 흔하던 1980년대와 야타족은 강남을 누비고, 넥타이 맨 어른들은 오락실을 서성이고, 학생들은 틈날 때마다 다마고치 밥을 주던 1990년대와 어지간한 상품은 택배로 배송받고, 초등학생마저도 자기 휴대전화를 들고 다니는 2000년대가 모두 순서대로 거쳐 갔던 지극히 혼돈한 공간입니다. 그렇기에 18~41세, 일명 MZ세대는 유년기를 한국에서 보낸 공통점이 있더라도 그 시절이 언제였느냐에 따라 인격 형성 과정에서의 경험이 완벽하게 달라질 수밖에 없는데, 이들을 하나로 묶어 특성이 같다고 우기는 것은 어느 모로 보더라도 어불성설이라는 것이죠.

루머이긴 하지만, 오우삼 감독이 영화 〈적벽대전〉 촬영을 준비할 당시 할리우드 투자자들이 등장하는 주역이 너무 많다며 유비, 관우, 조조를 한 캐릭터로 합치라고 요구했다는 소문이 있었습니다. 유비, 관우, 장비도 아니고 유비, 관우, 조조를 말입니다. 이 일화 자체가 실화였는지 확실하진 않습니다만. 아무튼 이른바 MZ세대라 불리는 청년들의 심정이 저 이야기 속의 오우삼 감독만큼이나 난감할 것입니다. 편의를 위한 단순화와 왜곡이란 것도 어디까지나 납득이 가는 수준에서 해야 하는데 말이죠.

누군가가 유비, 관우, 조조가 한 몸이 된 영화를 보고 적벽대전을 진지하게 논한다면, 그 광경을 보는 삼국지 마니아들의 심경은 어떠하겠습니까. 만일 50세 넘은 장군들이 맥락 모를 영어를 버무린 가사를 어디선가 주워 듣고 와 '이것이 요즘 젊은이들의 트렌드'라 홍보해대면 청년들은 무슨 생각이 들겠습니까. 시골 풍경이라곤 '6시 내고향에서'밖에 접한 바가 없는 어반 소울Urban Soul께서 그리운 고향의 심상으로 그윽한 거름 내음을 읊으면 넓은 벌 동쪽 끝 흙에서 자란 오리지널 촌놈들은 어떤 표정을 짓는 것이 옳을까요. 지금 조직론에서 말하는 'MZ세대'가 대개 그러한 꼴입니다. MZ세대가 어떻다는 말은 허다하지만, 그중 현실의 18~41세 특성에 두루 부합하는 것은 사실상 없다시피 합니다. 어설픈 짐작에 기댄 상상과 '걔들이 그랬으면 좋겠다'는 희망 사항만 가득할 뿐이죠.

기업에서 뿌리는 보도자료나 미디어가 제멋대로 주워섬기는 말만 추려 모아 '요새 젊은것들'이나 'MZ세대 팔로워'를 형상화해선 안 됩니다. 그들이 말하는 MZ세대는 사실 그들이 내심 원하는 MZ세대의 이미지에 불과할 뿐, 어느 현실에도 실존하지 않습니다. 애초에 기업이나 미디어가 뿌리는 자료나 몇 개 읽고선 부하직원 세대를 이해했노라 말할 리더라면 남을 이끄는 자리에 앉아 있는 것 자체가 모두에게 재난입니다. 타인과 얽힐 일 없는 곳으로 조용히 물러나 상상 속의 친구와 인형 놀이나 하는 편이 상호 간에 차라리 나을 것입니다.

MZ세대뿐만이 아닙니다. 그 무엇이 의제가 되더라도 리더에겐 꼭 필요합니다. 모르는 것이 있으면 마음과 귀를 널리 열고 배워나갈 열정과 부지런함. 잘못 알던 것에 대해 피드백을 받았을 때 역정을 내지 않을 너

그러움. 새로 알게 된 것이 비록 기존의 선입견이나 편견과 충돌하더라도 받아들일 수 있는 유연함. 잘 모르는 분야에 대해서는 함부로 말하는 대신, 보다 전문성이 있는 휘하 직원이나 외부 전문가를 존중할 수 있는 포용력. 미디어가 뿌리는 가십성 허구나 기업이 살포하는 마케팅 목적의 공상에 휘둘리지 않을 판단력과 지혜. 이 모든 것이 말이죠.

물론 전부가 그 누구라도 갖추면 좋을 덕목이건만, 그럼에도 굳이 '리더'를 강조하는 이유는 분명 있습니다. 리더는 어리석은 결정을 내리고 파멸로 달려갈 힘과 권능이 있는 존재이기 때문입니다. 무리 전원이 길을 헤매는 때에도 통솔자나 인솔자라면 특히나 정신을 바짝 차려야 하는 것이 당연한 이치이지 않겠습니까.

대개는 '위에 서는 자'라는 면에서도 리더가 한층 더 주의할 필요성이 있습니다. 타인을 지휘할 권한이 있는 인물은 잘못된 의견조차도 우격다짐으로 집행할 수 있기 때문입니다. 설령 리더가 왜곡된 지식이나 제멋대로 한 어림짐작에 기대 일을 벌이더라도 팔로워들이 그를 정당히 저지할 방법은 그리 많지 않습니다.

그러니 리더라면 모두를 위해, 조직과 팔로워와 리더 본인의 안녕을 위해, 부디 열린 마음으로 현실을 치열하게 접하며 진솔하게 배워주십시오. 잘 모르는 것에 대해선 상상하지 마십시오. 무지를 순순히 인정할 용기가 없다면 차라리 침묵해주십시오.

왜 담배를 피워선 안 되냐면

요즘에도 이런 교육을 하는지는 모르겠습니다만. 제가 신병교육대에서 훈련병으로 한창 구르던 시절인 14년 전 즈음엔 야간 야외 훈련 도중 멀찍이 떨어진 곳에 선 조교가 담배를 피우는 모습을 지켜보는 과정이 있었습니다. 월광이 없는 야심한 밤엔 붉은 점이 훅 피어 올랐다 이내 사그라드는 모습이 수백 미터 너머에서도 또렷이 보이곤 했었죠.

굳이 이러한 구경을 시키는 까닭은 아마도 이미 짐작하셨을 이유 그대로입니다. 그렇습니다. 전장에서 불빛을 철저히 통제하는 근거를 실전적으로 설명하기 위해서였습니다. 적의 위치 식별이나 거리 가늠은 자잘한 담배 불빛만으로도 능히 가능하다는 사실을 몸소 체감해보라는 것이었죠.

솔직히 전쟁터에선 담배를 함부로 피우면 안 된다는 말을 구두 강의로만 들었을 때는 이 양반들은 참 별의별 좀스러운 구석까지 군기를 잡아댄다는 생각부터 우선 들었습니다만. 어둠을 뚫고 맥동하는 담배 끄트머리를 직접 보니 등화관제가 필요하고 또 중요하다는 사실을 인정하지 않을 수 없었습니다. 눈이 썩 좋지 않은 저마저도 얼마든 흡연자가 선 지점을 노려 화력 지원 좌표를 따거나 저격을 시도할 수 있을 것 같았거든요.

익히 알려진 바와 같이 담배란 것은 중독성이 상당해, 예로부터 전선에 나서는 군인들을 상대로 틈날 때마다 불빛의 위험성을 역설하고, 근무에 투입할 적마다 몸수색을 이 잡듯 했는데도 처벌까지 각오하고 어떻게든 연초를 반입해 불을 붙이는 부류는 꼭 있었다 합니다.

암만 공들여 교육해본들 씨알조차 먹히지 않는 인간은 어느 시대에나 있고, 그렇다 해서 담배 수납이 의심된다며 장병의 항문을 매번 헤집을 수도 없는 노릇이라, 결국 군이 택한 방법은 당위성을 직접 보이며 납득시키는 것이었던 모양입니다.

들은 풍문이긴 하지만 베트남전 시절부터 이미 이러한 방식을 통해 '적과 대치 중에 담배 피우면 진짜 × 될 수 있다'는 사실을 알렸다 하니, 정말이라면 나름 유서 깊은 전통이라고 할 수 있겠습니다. 그토록 오래 명맥을 이어온 것이 맞는다면 효과도 제법 있었던 모양이고요.

이 역시 요즘도 그러는지는 잘 모르겠습니다만. 적어도 제가 현역이던 시절엔 육군이 휴가 예정자를 상대로 진행하는 교육에서도 맥락과 의도가 비슷한 부분을 엿볼 수 있습니다. 교육 영상 중 '음주운전'의 위험성을 설명하는 대목에선 실제 술을 마시고 운전하다 사고를 낸 사람의 까맣게 탄 시신이 여과 없이 나왔던 것입니다.

그 광경은 지금도 이따금 기억이 날 정도로 시각에 주는 충격이 강렬했습니다. 사지 근육은 수축해 엉거주춤한 자세로 오그라들고, 신체 부위는 모두 탄화돼 육안으로 구분 가능한 곳이 없었죠. 신경 다발이 어지간한 쇠심줄이 아닌 이상, 그 모습을 본 이는 웬만해선 취한 몸으로 운전대를 잡을 마음이 들진 않았을 것입니다.

사실 리더가 조직을 위해, 혹은 조직원을 위해 관철하려는 것에 구성원 모두가 공감해주는 상황을 항상 기대하기만은 어렵습니다. 잘못된 고집은 물론이고, 심지어 반박의 여지 없이 마땅한 지침이나 판단마저도 말이죠.

앞서 언급한 전장에서의 흡연 제한이나 음주운전만 해도 그렇습니다. 이러한 것들이야 다짜고짜 그냥 하지 말라고 한들, 그 누구라도 도덕적으로건 논리적으로건 반박할 여지가 있기나 할까요? 하지만 그토록 타당하고도 생존에 큰 도움이 될 리더의 정당한 지시마저도 귀담아듣지 않거나 납득을 거부하는 팔로워는 왜인지 꼭 나오기 마련이라는 것이죠.

그러한 순간에 전달 효과를 끌어올릴 수 있는 테크닉이 바로 당위의 근거를 여실히 보여주며 설명하는 전략입니다. 이런 당연한 것을 굳이 일일이 눈앞에 들이밀어 줘야 하나 싶은 생각이 들 정도로 말이죠.

실제로 미국 캘리포니아 어바인대학교 나탈리아 코마로바 교수팀이 지난 2019년 7월 22일 〈인지과학Cognitive Science〉 저널에 발표한 〈Object-Label-Order Effect When Learning From an Inconsistent Source(일관성 없는 소스에서 학습할 때 객체-라벨-순서 효과)〉 논문에 따르면, 학습과정에서 설명을 듣기에 앞서 배우려는 대상을 직접 목도할 때 습득 효과가 훨씬 탁월한 것으로 나타났습니다. 코마로바 교수는 "대상의 이름이나 설명을 듣기 전에 직접 상호작용하는 것이 규칙을 식별하고 불일치 정보를 처리하는 데 유리하다"고 설명했습니다. 달리 말해, 옛말 그대로 '백문불여일견百聞不如一見'이며 '눈은 귀보다 믿음직하다Auribus oculi fideliores sunt'인 셈입니다.

리더 생각엔 이런 것까지 굳이 하나하나 짚어야 하

나 싶은 당연한 사안일지라도, 듣는 쪽이 충분히 이해하지 못했다면 명분 없는 갑질이나 똥군기로 받아들여질 위험은 얼마든지 존재합니다.

최전선에서의 흡연 자제나 음주운전 절대 금지처럼 사회 보편적인 합의가 존재할 정도로 명백히 옳은 지침을 내리는데도 거역하는 팔로워는 속출하건만, 심지어 견해를 달리할 여지가 존재하는 의제라면 리더가 마땅한 논거도 없이 강압하려 들 때 감화를 끌어낼 턱이 얼마나 되겠습니까.

아랫사람이 윗사람을 설득하려는 노력을 보여야지, 리더가 팔로워에게 결정의 근거를 설명하라는 것은 거꾸로 된 법도라 말씀하시는 분도 계십니다만. 사실 어느 집단이라도 리더에게 결정권을 부여하는 기저에 '당신 마음대로 해도 좋다'는 전제를 깔진 않습니다. 표면적으론 리더 뜻대로 할 수 있는 재량권을 주는 것처럼 보일지라도, 실제로는 '매사에 옳은 결정을 내리길 바라며, 자네는 그럴 역량이 있는 사람으로 보이기에 권한을 부여하겠다'는 뜻이 담겨 있죠. 즉 따르는 사람들 입장에서 당위를 납득하기 어려운 판단을, 리더가 그저 '결정권자는 나니 내 뜻대로만 따라와라'며 밀어붙일 명분도 희박하다는 것입니다.

그럼에도 우리네 직장 일선에선 '까라면 까'를 읊으며 주장을 막무가내로 밀어붙이는 리더가 아직도 흔히 보입니다. 지난 2017년 2월 대한상공회의소가 발표한 〈국내 기업 회의문화 실태와 개선 해법〉 보고서에 따르면 조사에 응한 상장사 직장인 1,000명은 한국의 회의문화를 점수로 평가하며 회의 효율성엔 100점 만점에 38점, 소통 수준엔 44점만을 부여했습니다. 또한 '회의 시 상하 소통은 잘 되는가'라는 질문에 '그렇다'고 답한 비율은 26%에 그쳤습니다.

중국 작가 뤄궈룽이 전 세계 CEO의 경영 관련 명언을 정리해 쓴 서적인 《경영의 지혜》엔 이런 말이 나옵니다. "기업 경영자는 자기 시간 중 70%를 소통을 위해 쓰며, 기업의 문제 중 70%는 소통 장애에서 야기된다." 리더가 본인이 내린 결정에 대해 상세히 설명하며 소통하는 것은 결정권자의 주요한 업무인 동시에, 생존을 위한 전략으로써 결코 가욋일이 될 수 없습니다. 설명하십시오. 설득하십시오. 팔로워의 이해와 동조를 자연스레 유도하는 당위의 힘을 절대 가벼이 보지 말아주십시오.

3부

팔로워십 테크닉

서울대 선배가 박살 낸 쓰레기통

여느 동아시아 고등학교가 그렇듯, 제 모교에도 수많은 유적지와 거기에 수반한 다채로운 전설이 존재했습니다. '서울대 선배가 박살 낸 쓰레기통'도 그중 하나였는데요. 서울대에 합격해 진학했던 선배가 돌연 학교로 찾아와 원서를 써줬던 선생님과 말다툼을 벌이더니 분을 참지 못하고 쓰레기통을 걷어차 부쉈다, 대략 이런 내용의 설화였습니다.

무려 서울 내셔널 유니버시티를 뚫어준 은사께 그 무슨 망발이냐 싶을 수도 있겠습니다만. 문제는 그가 진학한 학과가 '독어교육과'였다는 것이었습니다. 물론 그 선배에게 독일어 혹은 독어교육과를 비하하거나 모욕하려는 의도는 전혀 없었습니다. 단지 독어교육과의 커리큘럼을 충실히 따르는 동시에, 그가 본디 바랐던 상경 계통 진로를 더불어 걷기가 너무나도 버거웠을 뿐이었다 합니다.

다들 고교 재학 중 입시 면담을 몇 차례 해보셨을 테니, '그럴 거면 독어교육과를 왜 갔는데?'라는 의문은 딱히 품지 않으시리라 믿습니다. 예나 지금이나 교사, 나아가 학교의 가장 대표적인 대외 실적 척도는 '명문대 진학자 수'였고요. 그러다 보니 제법 우수한 아이들이 선생님께 붙들려 성적에 비해 허들이 낮은 SKY 학과를 반강제로 지원하는 일도 흔했습니다. 사회에선 대학 간판이 훨씬 중요하며, 지망하는 학과는 나중에 전과나 복수전공으로 택하면 된다는 것이 가장 주요한 설득 레파토리였죠.

하지만 선배는 진학 후 뒤늦게야 깨달았던 것입니다. 등록금을 납부한 순간 진로는 이미 크게 틀어져버렸다는 사실을 말이죠. 사범대는 학칙상 같은 단과대 내에서만 학과를 바꿀 수 있었고, 그나마도 학과를 정해 입학한 '전공예약제' 학생은 전과를 아예 금지해두고 있었습니다. 경제학으로 전공을 완전히 전환하려면 수능을 다시 보거나 편입을 준비할 수밖에 없었죠.

복수전공도 사실상 불가하긴 매한가지였습니다. 일단 전공 학점을 제대로 따야 졸업이건 취업이건 바라볼 수 있는 상황에서, 외고도 아닌 일반 인문계 고등학교 졸업자가 독일어를 4년 안에 남을 가르칠 정도로 익히는 것은 결코 쉬운 일이 아니었고요. 더욱이 교직 과목까지 필수로 이수해야 하니 그러잖아도 어려운 상경계 과목을 병행해 전공할 여력은 턱없이 부족했죠.

'그래도 서울대인데'라고 말하는 분들도 계실지 모르겠습니다만. 그때엔 이미 서울대 비상경계에 비해 다른 최상위권 대학 상경계가 취업을 훨씬 더 잘하는 시절이 도래해 있었고요. 그 선배 성적이면 취향에 없던 독일어나 교육학에 붙들리는 대신 다른 명문대에서 원하는 공부에만 매진하는 것도 충분히 가능했겠죠. 대략 그러한 울분이 차츰 응어리지다 결국 폭발해 모교를 습격하기에 이르렀던 것이 아니었나 싶습니다.

대학에서 고른 전공이나 처음으로 입사한 직장 등 생애 첫걸음이라 불릴 만한 것들은 대개 그 영향력이 상당합니다. 독어교육과를 택한 이는 상경대학 학생만큼 경제학을 마냥 파고들긴 어려우며, 사회생활을 기자로 시작한 사람은 경력을 몇 년 쌓다 보면 홍보 직렬 외엔 갈 곳이 없게 되죠.

그럼에도 그 무게를 미처 깨닫지 못하고 결정을 쉽사리 내리는 수험생이나 취준생이 그리 드물지 않은데요. 그러다 보니 실리만 챙기고서 책임은 지지 않는 멘토의 감언에 속아 잘못된 길을 택하는 이도 종종 눈에 띄곤 합니다. 이를테면 학생의 장래보다는 본인의 실적 위주로 판단해 원서 제출을 종용하는 교사처럼 말이죠.

요점은 큰 걸음을 내딛으려는 이라면, 그 누구보다도 본인의 조사와 준비가 가장 철저해야 한다는 것입니다. 만일 선배가 서울대 독어교육과를 고르기에 앞서 전과

규정이나 이수해야 할 전공과목 수를 면밀히 살폈다면 굳이 스승 멱살을 잡을 일이 있었을까요. 이득을 보고자 꼬드긴 사람도 물론 문제지만, 자신의 명운을 치열한 고민 없이 덜컥 넘긴 이 또한 분명 잘못은 있지 않겠습니까.

선택은 남이 해줄 수 있을지언정, 후회는 타인에게 맡길 도리가 없습니다. 진로를 택하는 출발점에 선 분들께선, 부디 자신의 대비가 모자란 탓에 스스로를 후회로 몰아넣는 일만큼은 겪지 않았으면 하는 바람입니다.

솔직히,
당신 열정엔 관심 없어요

어제였나 그제였나, 집 앞에 놓인 택배를 뜯었더니 주문했던 상품에 앞서 그 위에 얹힌 종이 한 장이 먼저 눈에 띄었습니다. 제조사에서 그들의 브랜드 철학을 고객에게 전하고자 동봉한 팸플릿이었는데요. '청정한 지구와 인간 삶의 바른 조화를 추구하고자 생분해되는 친환경 소재를 적극 활용했다.' 대략 이런 내용이었습니다.

이념 자체야 썩 나쁘지 않았습니다만. 그럼에도 동참할 마음은 선뜻 들진 않았습니다. 자연 파괴론을 추종하는 입장이라 그랬던 것은 아니고요. 제값 내고 산 물건이 구석 일부가 분해되다 만 듯한 모양새로 도착한 꼴을 봤으면, 그 누구라도 저와 비슷한 생각을 하지 않았을까 싶습니다. 기분 탓인지 우그러진 부분에선 이상한 냄새가 나는 듯도 했고요.

환경 생각도 좋다지만 일단은 멀쩡한 제품이 필요했던 입장인지라, 암만 훌륭한 이상에 기인해 개발한 녀석일지라도 거두어 쓸 마음이 도통 들지 않았습니다. 설령 보기와 달리 실제로는 썩은 것이 아닌 단순 파손이었을지라도, 아무튼 배송 중 받는 충격 정도에 망가지는 물품을 착한 기업이 만들었다는 이유로 꾸역꾸역 쓰고 싶지도 않았고요. 결국 그 상품은 박스 뚜껑을 다시 봉해 반품할 수밖에 없었습니다.

제작 의도는 나름 고매할지언정, 정작 결과물은 클라이언트나 고객의 니즈와 어긋나는 통에 시장에서 외면당하는 상품이나 프로젝트가 그리 드물진 않습니다. 이를테면 버거킹은 지난 2013년 9월 북미 지역에 기존 제품 대비 칼로리는 30% 낮고 지방은 40% 적은 프렌치프라이인 '새티스프라이Satisfries'를 출시했는데요. 1년도

채 지나기 전인 2014년 8월 실적 부진을 견디지 못하고 판매 중단을 선언했습니다.

당시 글로벌 트렌드였던 웰빙에 발맞춘 것까진 좋았습니다만. 가격은 20~30센트 더 나가는데도 맛은 훨씬 못한 제품을, 굳이 건강을 챙기겠다며 일부러 찾는 손님은 많지 않았다는 점이 패착이었다고 합니다. 물론 칼로리에 신경 쓰는 인구 규모도 상당하긴 했지만, 그런 사람들이라면 웬만해선 애초에 패스트푸드점에 발을 들이지도 않았을 테고요.

'플레이펌프Playpump'도 비슷한 맥락에서 꽤 유명한 사례 중 하나죠. 우물에 아이들이 매달릴 수 있는 뺑뺑이를 달고 펌프를 연결해, 타고 놀기만 해도 물이 나오는 장치를 실제로 구현한 것이었는데요. 아프리카 어린이들에게 놀이와 물을 함께 선사하겠다는 이 아이디어는 상당한 주목을 받아, 세계은행이 '시장개척상'을 수여하고 빌 클린턴 재단이 1,600만 달러를 제공할 정도로 세계적인 반향을 일으켰습니다. 그러나 20여 년이 지난 지금은 현역으로 구르는 플레이펌프가 단 하나도 남은 것이 없는데요.

여기서도 결국 문제는 '니즈'였습니다. 아프리카 주민이 기존에 쓰던 핸드 펌프는 물을 20리터 퍼올리는 데 약 28초가 걸렸습니다. 반면 플레이펌프는 같은 양의 물을 끌어 올리기까지 3분 7초가량이 소요됐습니다. 플레이펌프로 주민 2,500명에게 물을 15리터씩 제공하려면 무려 27시간을 쉬지 않고 연속해 작동시켜야 했고요. 노는 재미로 고역을 상쇄할 수준은 이미 아득히 넘어선 셈이죠. 사실 아이들은 국적을 막론하고 뭘 갖고 놀아도 초 단위로 질리거늘, 플레이펌프를 몇 년이고 진득하게 돌릴 것이라는 기대부터가 애초에 크나큰 계산 오류이기도 했고요. 결국 남아프리카 일대에 2,000여 개 가까이 뿌려졌던 플레이펌프는 현재 대부분 흉물로 전락하거나 주민 요청으로 철거되는 신세에 처해졌다고 합니다.

물론 스토리텔링만으로도 승부가 가능한 시장이 아주 없는 것까진 아닙니다만. 현실에선 이래저래 상품 퀄리티는 제쳐두고서 메시지'만'으로 평가받긴 어려운 경우가 대부분입니다. 프로젝트 론칭 배경에 숨은 사연이 암만 절절하더라도, 제품이 세상 빛을 보기까지 투입된 노력이 규모를 가늠하기조차 어려울지라도, 혹은 온누리의 감탄을 자아낼 정도로 거룩한 이상에 의거해 만들어진 물건이라도 정작 소비자가 거들떠보지 않으면 아무 의미 없이 잊히기 마련입니다.

그들의 제품을 도외시하는 고객이 딱히 제작자의 노력이나 의도, 열정을 애써 무시하는 것은 아닙니다. 오히려 품질에 어느 정도 만족하면 생산자가 외치는 이념이나 호소에 귀 기울일 준비가 된 소비자도 적지 않습니다. 다만 어른들의 세계에선, 그리고 프로들의 세계에선 고객의 니즈를 충족해주는 알맹이는 없이 그저 배경과 메시지만을 내세워 인정을 받기는 결코 쉽지 않다는 것일 뿐이죠.

인생을 망치는 성공 스토리

시간을 알차게 쓰는 누군가에 맞서 하릴없이 시간을 낭비하며 우주의 균형을 맞추고 있던 대학 새내기 시절 어느 날, 이름만 걸어두다시피 했던 한 소모임을 통해 저소득층 학생을 위한 이벤트에 공부 노하우를 전하는 연사로 참석해달라는 요청을 받았습니다.

일단 마이크를 잡기로 약조는 했습니다만, 막상 제 인생을 돌이켜보니 애들에게 도움될 만한 극적인 이야기가 도통 떠오르질 않았습니다. 사실 한국 나이로 스무 살을 갓 넘긴 여물지 못한 풋사과치고, 다다른 곳이 남들보다 조금 나을 순 있을지언정 살아온 인생 자체가 드라마틱하게 다른 녀석이 몇이나 있겠습니까. 어차피 아무리 고민해본들 답이 나올 문제도 아니었고, 결국 강연 현장에서는 이 정도 수준의 문답만이 오갈 수밖에 없었는데요.

Q. 재수를 하지 않고 한 번에 대학을 갈 수 있었던 원동력은 무엇인지요?

A. 고등학교 3년 내내 기숙사 생활을 하며 많아 봐야 주 1회만 외박이 가능했는데요. 더는 그렇게 살 자신이 없어서 한시라도 빨리 탈출하고자 공부에 매달렸습니다.

Q. 성적을 올리기 위해 주로 어떤 노력을 하셨는지요?

A. 녹색 야채를 많이 먹고 숙제를 열심히 했습니다.

Q. 정말 그뿐인가요?

A. 매일 수업+야자가 15교시까지 이어졌고 기숙사에도 밤 10시 넘어야 들어갔는지라 달리 할 수 있는

것도 없었는걸요.

Q. 수능 때 수학 점수를 대폭 끌어올린 비법은 무엇인지요?

A. 솔직히 9월 모의고사와 수능 사이 기간에 대단히 한 것은 없었고, 그저 수능 때 4점짜리 문제를 찍어서 맞추는 잭팟이 터졌습니다.

Q. 운도 실력 아닌가요?

A. 운은 운이고, 실력은 실력입니다. 실력을 점수로 환산하면 90점대인 학생이 운에 따라 80~100점을 맞기도 하는데, 80점도 100점도 모두 그 학생 실력이라고 말하긴 좀 그렇잖아요. 다만 실력이 있어야 운이 정말 나쁠 때에도 찍을 수 있는 점수대가 높아지며, 변동 폭 자체도 좁아지기 때문에 공부를 열심히 해둘 필요는 분명 있다고 생각합니다. 평균 95점 맞던 애가 갑자기 60점으로 떨어지는 일은 잘 없잖아요.

강연을 마친 뒤 주최 측 관계자분께선 "하하, 그래도 애들이 기대 많이 하고 왔으니 비법이나 스킬을 좀 더 알려주셨으면 좋았을 텐데요"라며 슬쩍 아쉬움을 표하셨는데요. 당시엔 "그러게요, 이런 자리가 익숙지 않아서요" 정도로 머쓱한 답을 했습니다만. 실은 그때나 지금이나 비기를 전수한답시고 괜한 과장이나 훈수를 섞지 않았던 것에 딱히 후회가 없긴 합니다.

대개 '성공 스토리'라 하면, 정석을 벗어나는 대담한 발상이나 과감한 행동, 혹은 보통 수준을 아득히 뛰어넘는 노력 등이 이야기 곳곳에 녹아들어 있어야만 제값을 한다는 느낌이 들죠. 그러다 보니 회사나 학교 등에서도 어지간하면 눈에 띌 정도로 남다른 배경을 지닌 분을 주로 연사나 멘토로 모시곤 하는데요.

하지만 그들의 영웅적인 서사 전부가 진실이라고 장담할 수 있을까요. 일단 개인적으로도 과거 인터뷰 부서에서 1년 남짓 근무하며 이른바 '인생의 승리자'로 통하는 셀럽을 다수 만날 기회가 있었습니다만. 어느 모로 보아도 납득이 가는 훌륭한 길을 걸어온 전문가도 당연히 적지 않았으나, 의외로 많은 인물이 다음 유형 중 하나에 속하는 모습을 보였습니다.

첫째, 승승장구한 배경을 감추거나 속이는 스타일이 있었습니다. 기자들이 남이 하는 말을 대충 받아 적고 인터뷰랍시고 내보내는 듯하지만, 제대로 된 언론사라면 그 이면으로 상당한 수준의 교차 검증을 수반합니다. 그리고 조사를 하다 보면 첫 창업을 시작한 건물 소유자가 가족이었다거나, 주요 실적으로 내세우는 공훈이 실제로는 조직 내부의 특정 인물 밀어주기였다는 사실쯤은 어렵지 않게 확인할 수 있었고요.

둘째, 요행을 실력으로 포장하는 유형이 있었습니다. 로또를 예로 들자면, 당첨자 대다수는 거액을 얻은 비결을 물으면 그저 운이 좋았다 정도로 말하고 맙니다. 하지만 꼭 우연에 따른 횡재를 인정하지 않고서 치밀한 분석과 냉철한 판단을 기반으로 당첨에 이르렀다 주장하는 이가 존재합니다. 투자 관련 분야에서 비교적 흔히 볼 수 있는 인물상이죠.

셋째, 아예 하지 않았던 행동을 성공 방정식인 양 말하는 부류입니다. 몇몇 TV 프로그램에서 맛집들이 무슨 비법이랍시고 손길 한번 삐끗하면 사약이 될 국물을 고아내는 모습을 연상하시면 될 듯합니다. 이런 사례는 대개 별것 없는 음식을 홍보 마케팅이나 바이럴로 띄웠다는 사실을 감추거나, 역으로 실존하는 비법을 알리고 싶지 않아 가짜 레시피를 연막으로 치는 것인데요. 완전히 꾸며진 '성공 스토리'의 탄생 또한 이와 맥락이 크게 다르지 않긴 합니다.

이처럼 극적 효과를 노리고자 팩트는 죽이고 양념만 진하게 먹인 성공 스토리는 헤매는 이에게 잘못된 길을 제시하는 망가진 이정표 노릇을 하기 십상입니다. 그 폐해는 다나카 요시키가 집필한 스페이스 오페라 소설《은하영웅전설》에서 언급된 주인공 중 한 명인 양 웬리의 대사로 정리할 수 있죠. "위인이니 영웅이니 하는 자들의 전기를 아이들에게 읽히다니, 그런 어리석고 천박한 짓이 어디 있어? 선량한 사람에게 정신이상자를 본받으라는 것과 똑같잖아."

아무튼 그렇다면 "거짓 성공담을 퍼뜨리는 사이비는 어떻게 피할 수 있나요?"라는 질문이 나올 수 있는데요. 100%까진 아니어도 상당수는 걸러낼 수 있는 방법이 있긴 합니다. 바로 동종업계나 주변인에게 평판 조회를 하는 것입니다. 기자들도 현업에서 종종 쓰는 방법인데요. 실제로 해보면 전문가를 자처하거나 성공 신화를 과시하는 인물마저 남들 입에선 "걔가?"라는 식의 반응이 나오는 때가 드물지 않긴 합니다.

이 정도 검증조차 '전문가'분께 실례가 될 듯해 꺼려진다면요? 별 수 있겠습니까. 하상욱 시인의 표현처럼 성공한 사람의 인생이 포장돼 평범한 사람의 인생을 망치는 꼴을 연사 초청비 들여가며 구경하는 수밖에요.

존경하는 사람을 잘못 말했다

모 대학교 언론고시반 주말클래스에 출강하며 기자 지망생들을 상대로 글쓰기 수업과 커리어 코칭을 하던 시절, 어느 날 언제나처럼 강의를 마무리하며 질문을 받던 중 슬며시 손을 들다 말고 머뭇거리는 학생이 문득 눈에 띄었습니다. 평범히 거수하는 사람들 사이에선 그런 모습이 오히려 도드라졌던 통에 결국 그분을 지목해 사연을 묻게 됐는데요.

"실은 제가 이번에 조선일보 필기를 통과해 면접까지 봤어요."

"축하드립니다."

"그런데 제가 면접을 잘 본 것인지 감이 잡히질 않아서요."

"어려운 질문이 있었나요?"

"존경하거나 멘토로 따르고 싶은 기자가 있냐는 질문을 받았는데, ○○○기자님을 존경한다고 답했어요."

"어… 왜요?"

저도 모르게 되묻는 순간, 그 학생은 어정쩡한 대답 행간 어드메에 숨은 뜻을 곧장 눈치챈 듯 안색이 확 변했습니다.

"평소 쓰시는 기사를 보니 글솜씨가 뛰어나고 카리스마도 상당한 분 같아서요…. 잘못 말한 걸까요?"

어느 직장이건 대외 이미지와 사내 평가가 극명하게 다른 분들이 적어도 한둘씩은 존재하는 듯합니다. 공인으로서의 모습과 사생활을 별개로 두는 차원이 아니라, 오로지 공적인 면만을 놓고 보더라도 말이죠.

안타깝게도 그 학생이 언급했던 기자는 마침 그런 유형의 인물이었습니다. 독자들 사이에선 미려한 필체로 준엄한 글을 쓰는 저널리스트로 알려졌을지 모르겠습니다만. 업계에선 시원찮은 취재 역량과 수준 이하의 필력을 만연체로 애써 가린다는 평을 듣던 양반이었거든요. 게다가 티가 덜 나거나 귀찮은 일은 모조리 피하고 눈에 띄는 건수만 잡으려는 모습을 보여, 인성 면으로도 그다지 좋은 소리를 듣지 못했고요.

그 학생의 최종 합불 여부까지 밝히기는 좀 뭐하지만요. 아무튼 총점은 제쳐두고 존경하는 기자에 대한 질답만 놓고 보자면, 적어도 그 부분에선 좋은 점수를 따내긴 어려웠지 않았을까 싶습니다. 물론 고작해야 취업을 준비 중이던 학생이 업계인의 진면목을 모른다고 불이익까지 당하는 것은 꽤 억울한 일이긴 합니다만. 어쨌든 면접관 입장에선 일단 듣기로 하필 '그런 인간'을 존경한다는 점에 뜨악했을 가능성이 상당하니까요. 더군다나 그 이유를 '뛰어난 글솜씨'와 '카리스마'로 댔다면 한층 더욱이나 말이죠.

존경하는 인물이 있는가? 기본 중의 기본으로 꼽히

는 면접 질문이지만, 막상 매끈하게 대응하기엔 의외로 까다로운 면이 적잖은 난제죠. 너무 뻔한 사람을 고르면 깊은 인상을 주기 어렵고, 아주 특이한 인물을 언급하는 것은 아무래도 도박수로 흐르기 쉬우니까요.

다만 답변을 어느 쪽으로 하건, 이래저래 동종업계나 주변 인물에게서 받는 평을 모르는 분을 짚는 것은 상당히 위험하다고 생각합니다. 사람은 의외로 단면이 많은 존재인지라, 널리 알려진 모습과 업무 현장에서의 평가가 천양지차인 사람도 그리 드물지 않거든요. 특히 어두운 구석을 지우거나 분칠하는 경향이 있는 언론 기사나 창작물 등에만 의존해 공경할 인물을 골랐다간 상당한 낭패를 보기 쉽죠.

그렇기에 존경하는 인물을 면밀히 고르려면, 그분과 함께한 경험이 있는 이를 찾아 물으며 세간에 알려진 내용의 진위를 확인하는 정도의 레퍼런스 체크는 필요하다고 생각합니다. 물론 내밀한 정보를 모으는 과정이 상당히 지난하고 수고롭긴 하겠습니다만. 그래도 면접관을 당황케 하는 허튼소리를 뱉을 리스크를 지는 것보다야 훨씬 낫지 않겠습니까.

아직은 귀여운 당신의 옹알이

머지않아 아빠가 될 몸인지라 요즘 들어 임신·육아 카페를 뒤적이는 때가 잦아졌는데요. 이런 커뮤니티 게시글 댓글란에선 이따금 알 수 없는 글귀가 보이곤 합니다. 대개는 엄마가 자리를 비운 새 아기가 스마트폰을 만지다 우발적으로 입력된, 이른바 '사이버 옹알이'라 불리는 것인데요.

초보 엄마는 아이가 저지른 돌발 행동을 뒤늦게 보고서 당황하지만, 육아 경험이 풍부한 엄마들께선 금세 상황을 눈치채고서 웃어 넘겨주더군요. 화면 너머 낯선 아가한테 인사까지 해주는 여유를 보이며 말이죠.

누구나 회사생활에 첫걸음은 있고, 대부분은 그 시기에 몇 차례고 실수를 저지릅니다. 맡은 업무의 무게를 아직은 가늠하기 어려운 연차라, 본인이 저지른 잘못의 여파가 어느 정도일지 짐작하지 못해 불안에 떠는 경우가 많은데요.

사실 어지간한 회사에선 일이 손에 제대로 붙지도 않은 초년병에게 중대하고 민감한 업무를 맡기진 않습니다. 물론 출근 첫날부터 복잡하고 예민한 사안을 제대로 된 가이딩도 없이 떠넘기는 업체가 아주 없다고까지는 말 못 하지만요. 아무튼 일반적으로는 다소 버벅이거나 실수하는 상황 정도는 충분히 감안하며 일을 주는 것이 보통입니다.

그렇기에 신입 입장에선 손끝이 저려올 정도로 아찔한 실수도, 윗선에서 보기엔 그저 뉘 집 아기가 태블릿을 두들기다 나온 사이버 옹알이 정도에 지나지 않는 애잔한 해프닝인 경우가 대다수고요. 물론 상사는 엄마가 아니니 그런 실수가 재차 나오지 않도록 질책하며 교정해주는 액션쯤은 뒤따르겠지만요.

저 역시 수습기자 시절에 비슷한 경험을 한 적이 있었는데요. 취재 하나 매끄럽게 해내는 법 없고 기사 한 줄 똑바로 적어내질 못하는 저 자신이 너무나도 답답하고 한심해, 당시 직속 상관이던 사회부 사건팀장님께 더는 회사에 폐를 끼칠 수 없으니 사표를 내겠다고 말하기에 이르렀던 것입니다. 그러나 팀장님께선 눈물 섞인 토로를 잠자코 듣더니, 모니터에서 눈도 떼지 않고서 딱 한마디를 던졌습니다.

"원래 5년 차까진 회사에 폐만 끼치는 거야. 빨리 네 나와바리(담당 구역)로 돌아가기나 해!"

아무튼 요점은 새내기 시절 부득이하게 저지르는 실수 하나하나에 지나친 스트레스를 받을 필요까진 없다는 것입니다. 누구나 한 번쯤은 거쳐온 과정인 것은 물론, 얼핏 보기엔 숨이 막혀올 정도로 무거운 실수조차도 전체 조직 차원에서는 하찮은 생활 기스 정도에 불과할 가능성이 크니까요.

다만 실수가 용납되는 시기에 언제까지나 머무를 수 없는 것은 아기건 신입이건 마찬가지니, 장차 한 사람

몫을 제대로 해낼 수 있도록 충실히 배우고 익히려는 마음과 태도만큼은 견지할 필요가 있지 않나 합니다.

시간과 예산이 조금만 더 있었더라면

핑계로 성공한 사람은 김건모뿐이고 변명으로 역사에 남은 인물은 소크라테스뿐이라는 말도 있긴 합니다만. 그럼에도 핑계 대지 마라, 변명하지 말라는 질책을 살면서 단 한 번도 들어본 적 없는 이는 굉장히 드문 편입니다.

연휴 기간에 문득 다시 돌려 보았던 1994년작 애니메이션(국내 방영은 1996년) 〈몬타나 존스〉에서도 비슷한 뉘앙스의 장면이 보이더군요. 니트로 박사가 만든 발명품이 무리한 기동을 감행해 박살 날 때마다 "시간과 예산을 조금만 더 주신다면…"이라 말하고, 상관인 제로

경은 "변명은 죄악이라는 것을 모르는가!"라며 꾸짖는 구도로요.

실제로 사회생활을 갓 시작한 초년병들도 이러한 질타를 거듭 받다 본인의 능력 부족을 한탄하며 자괴감에 시달리는 경우도 꽤 흔히 볼 수 있습니다. 하지만 문책을 당하는 지경에 이를 정도로 상황이 나빠진 데 하급자 책임만 있냐 하면, 사실 막상 따지고 보면 꼭 그렇지만도 않은 때가 대부분이긴 합니다.

제가 해외에서 살아본 적이 없는지라 타국 분위기까지는 잘 모르겠습니다만. 적어도 우리나라에선 빠듯한 예산과 촉박한 일정 등 갖가지 현실적인 제약 때문에 필연적으로 발생하는 프로젝트 실패 리스크를 의지와 노력으로 때우도록 종용하는 곳이 상당한 듯합니다.

이를테면 타사가 거액을 투자해 장악한 납품 루트를 별도 예산 배정 없이 영업 조직의 친화력만으로 탈취하라 지시하거나, 대기업이 만든 프로그램과 유사한 상품을 턱없는 인력으로 개발하도록 요구하고서 결국 실패에 이르면 일선 담당자들의 의욕과 책임감 부족을 들먹이는 식이죠. 나름의 사정을 말하며 해명해본들 어차피 변명과 핑계를 늘어놓는 놈이라는 오명만 더해질 뿐이고요.

하지만 세상엔 정신력만으로는 해결이 난감한 일도 엄연히 존재하는 법이죠. 고도로 훈련받은 사관학교 출신 엘리트 장교들마저도 소총만 쥐여주고 적진에 무작정 뛰어들게 하면 한낱 고기방패 이상의 활약은 기대하긴 어려울 것입니다. 굶주림과 피로, 날아오는 총탄을 의지와 노력만으로 틀어막는 것도 분명 한계는 있을 테니까요. 이렇게 악전고투한 장교들이 최선을 다하지 않았다거나 무능하다는 평가를 받는 상황을 과연 공정하다 말할 수 있을까요.

실제로 앞서 언급한 〈몬타나 존스〉의 니트로 박사 역시 시대를 뛰어넘는 수준의 발명품을 연달아 설계해내는 상당히 유능한 기술자였습니다만. 제로 경이 시간과 예산을 지나치게 빡빡하게 배정하는 데다 악조건을

딛고 간신히 만든 발명품마저 매뉴얼을 고려하지 않고 멋대로 다뤄 망가뜨리는 바람에 '똑바로 만드는 제품이 없는' 무능한 인물로 폄하당하는 신세가 됐죠. 하지만 진정 반성이 필요했던 인물은 과연 니트로 박사와 제로 경 중 어느 쪽일까요.

의지가 박약하고 성품이 게으른 탓에 제대로 일궈낸 성취가 없다는 꾸지람을 들은 분이 그리 적지 않을 것입니다. 여건이 좋고 지원이 넉넉했음에도 오로지 본인이 모자란 탓에 일을 망쳤다면 또 모르겠습니다만. 명확히 존재하는 객관적인 불리함이나 한계를 충분히 설명했음에도 이를 그저 변명이나 핑계로 치부하고서 이어지는 질책이라면, 그 누가 하는 말이라도 너무 귀담아들을 필요는 없다고 생각합니다.

아무리 뛰어난 인재라도 안개로 배를 채우며 하룻밤만에 만리장성을 쌓을 수는 없는 노릇입니다. 인간의 체력과 정신력엔 한계가 존재하며, 의지와 노력은 결코 모든 것을 극복해낼 정도로 위대하지 않습니다. 그러니 스스로에게 떳떳할 정도로 최선을 다했다면 '변명한다'

거나 '핑계 댄다'는 말에 위축될 이유가 없습니다. 지원을 제대로 해주지 못한 사람이 책임을 전가하고자 내뱉는 말에 휘말려, 괜히 마음 상하거나 자책하는 일이 없길 바랍니다.

배고픈 쥐가 굶주린 아이를 물었네

대학 시절 지리학 전공 수업을 듣다 보면 은근히 희한하면서도 재미있는 이야기를 접할 때가 종종 있었는데요. 미국 학자 윌리엄 번지William Bunge의 연구도 그중 하나였습니다.

2000년대 들어서 디트로이트가 시 당국 차원에서 파산을 선언하는 등(2013년 7월) 비참하게 몰락한 도시의 대명사로 통했지만, 사실 1970년대에 닥쳐온 오일 쇼크 사태 전까지만 해도 디트로이트는 전미에서 가장 융성한 도시 중 하나로 꼽혔습니다. 제너럴 모터스와

포드, 크라이슬러의 본사가 모두 자리 잡은 도시였던 덕에 북미 자동차 공업의 중심지로 인정받았고, 아예 미국 자동차 산업계를 뭉뚱그려 '디트로이트'라 부르는 때도 있었죠.

그런데 디트로이트가 한창 전성기를 구가하던 1960년쯤, 도시 곳곳에서 묘한 괴담이 돌기 시작했습니다. 바로 '부모가 눈을 떼면 쥐 떼가 아이를 문다'는 소문이었는데요. 방역이 미비하던 시절이라 쥐가 사람 사는 영역을 침범하는 일이 그리 드물진 않았습니다만. 그러한 사태를 흔하다 말할 수 있는 곳은 어디까지나 시골 지역에 한정되긴 했죠. 하물며 당대 미국을 통틀어 다섯 손가락 안에 여유로이 들던 도시인 디트로이트인지라, 그런 풍문은 꽤나 기이하게 들릴 수밖에 없었습니다.

하지만 번지는 그 이야기를 가벼이 흘려 넘기지 않았습니다. 그는 지리학 교육을 깊이 받은 학자답게, 만일 사건이 실제라면 발생 장소를 추적해 공간상에 정리했을 때 어쩌면 의미 있는 정보가 도출될 수도 있겠다는 가정을 했죠. 그리하여 번지는 '디트로이트 지리

탐사연구소the DGEI, The Detroit Geographical Expedition and Institute'를 직접 세우고 소문의 진위 확인에 나섰는데요.

조사 결과, 아이를 무는 쥐는 실존했습니다. 다만 쥐 자체는 디트로이트 전역에 출몰했음에도 아이가 물린 지역은 그중 일부에 그쳤던 것으로 판명됐습니다. 이유는 간단했습니다. 아이를 물어뜯는 쥐는 오로지 '배고픈 쥐'뿐이었기 때문이었습니다. 먹거리가 풍부한 번화가에서 지내는 쥐는 구태여 위험을 무릅쓰며 사람에게 덤비지 않았지만, 사람마저 배를 주리는 동네에선 쥐에게도 달리 선택권이 없었던 것이죠.

번지가 연구 끝에 발견한 것은 절정에 달한 디트로이트의 번영 이면에 숨겨진 '가난의 지도'였습니다. 쥐가 아이를 문 지점에서는 디트로이트의 밤을 물들인 네온사인 그늘 밑으로 버려진, 무리 지은 빈민의 보금자리인 '슬럼 게토slum ghetto'를 어김없이 발견할 수 있었습니다. '슬럼 게토'를 배회하는 쥐들은 주로 아이들의 손·발가락과 코끝을 노려 물어뜯었다고 합니다. 번지는 이를 '헌팅hunting'이라고 표현했습니다.

1960년 즈음 디트로이트 시민의 1인당 평균 소득은 미국에서도 선두를 달렸지만, 같은 시기에 '슬럼 게토'에선 쥐 스무 마리가 아이 하나를 노리는 것이 평균이었습니다. 참고로 대한민국 농림부가 그때로부터 10여 년 뒤인 1970년에 발표한 바, 당시 우리나라 전역에 분포했던 쥐는 인구 1인당 세 마리 꼴이었다고 합니다. 세계 최강으로 꼽히는 국가에서도 가장 번화했던 도시의 주민이, 전쟁의 상흔을 온전히 씻지도 못했던 개발도상국의 국민보다 더 열악한 환경에 몰려 있었던 셈이죠. 이처럼 디트로이트에 숨은 빈부 격차를 폭로한 번지의 'Region of Rat-Bitten Babies(쥐에 물린 아기 지역)' 지도는 사회적으로 반향을 일으켰고, 당시 학계에서 태동 중이던 급진주의 지리학에도 상당한 영향을 끼쳤습니다.

사람이 비록 즐겁지 아니하더라도 배우고 또 익혀야만 하는 까닭은 여러 가지가 있겠습니다만. 누군가의 말처럼 '세상을 바라보고 이해하는 해상도'를 올리는 것 또한 중요한 이유 중 하나가 아닐까 합니다.

아무래도 품은 지식이 많거나 사고를 확장하는 법을 능숙히 익힌 사람은 동일한 사안을 마주하더라도 빠르게 파악해내거나 과감히 짐작할 수 있는 부분이 훨씬 많으니까요. 실제로 지리학 지식이 풍부했던 번지는 남들과 같은 소문을 듣고도, 타인과는 달리 '사건의 공간상 분포를 추적하면 이면에 숨은 중요한 정보가 보일지도 모른다'는 추정을 해낼 수 있었듯 말입니다. 똑같은 사진이라도 해상도가 떨어지는 필터를 거쳐 본 사람은 별 의미 없는 모자이크밖에 접할 수 없지만, 고해상도 화면을 통해 관찰한 이는 그에 비해 훨씬 많은 정보를 얻는 것과 비슷한 원리죠.

우리네 흔한 일상에만 비추더라도, 미학을 배우고 나면 현대 미술을 하는 화가들이 벌이는 온갖 기행에서도 의미를 읽어낼 수 있으며, 경제학을 파고들다 보면 어느덧 널을 뛰는 숫자 사이를 관통하는 하나의 흐름이 눈에 띄기도 하죠. 그러한 발견은 때론 새로운 기회 포착이나 능력 향상으로 이어지기도 하고요.

그렇기에 간신히 넘기는 것조차 버거운 벅찬 나날 속에서 살더라도, 스스로를 위해 지식과 정보를 꾸준히 접하며 사고의 지평을 넓히는 노력만큼은 늘 경주할 필요가 있지 않나 합니다. 물론 어디까지나 여력이 되는 한에서 말이죠.

큰 힘이 없어서 큰 책임도 없다

"당신, 그거 했다가 잘못됐을 때 책임질 수 있어?"

예전에 모시던 상사 중 한 분이 입버릇처럼 했던 말입니다. 여느 리더가 대개 그렇듯 그분은 틈날 때마다 휘하 직원을 회의실로 불러 모아 '제안'과 '아이디어'를 구했고, 리스크가 아예 없거나 실행 시 효과를 100% 확신할 수 있는 안건이 아니라면 저 질문을 통과의례처럼 받아야만 했죠.

처음엔 멋모르는 직원 몇몇이 무작정 '할 수 있습니다'를 외쳤습니다만. 자신 있게 나서던 이들이 침묵하는 다수로 돌아서기까진 그리 오래 걸리지 않았죠. 막상 업무가 시작되면 구상이 모조리 틀어질 정도로 리더의 '마이크로매니징' 간섭이 프로젝트 곳곳에 파고들었고, 그러다 보니 종국에 산출된 결과물은 팔로워가 그렸던 청사진과 완전히 딴판이 되는 상황이 허다했죠.

결국 고객이 접하는 것은 초창기의 참신한 아이디어는 완전히 휘발된, 올드한 상사의 진부한 취향이 구석마다 깊이 스민 구태한 상품에 불과했습니다. 그렇기에 시장 반응 역시 그저 그런 수준을 넘어설 방도가 없었습니다.

하지만 일이 그렇게 된 책임은 온전히 실행자 몫이었습니다. 리더의 개입은 '위계상 당연한 업무적 지시'일 뿐이었고, 잘못은 기획을 제안했던 팔로워 쪽에서 걸머지는 것으로 이미 '약속'이 돼 있었으니까요. 물론 리더의 지시가 일선 현장 상황과 어긋나거나 전문성이 없는 공론에 불과했을지라도, 부하직원 입장에서 그것을 막거나 거절할 권한도, 방법도 없었다는 사실은 딱히 고려되지 않았습니다.

아랫사람 입장에선 억울해도 어찌해볼 도리가 있겠습니까. 이미 당한 것은 엎어진 물로 취급해 넘기고, 어차피 비극적인 결말만이 예정된 새 일은 최대한 벌이지 않는 수밖에요. 결국엔 회의 때마다 참석자들은 열린 조개처럼 입을 꼭 다물고, 리더는 발제가 끊긴 팔로워들을 향해 '팍팍 밀어주겠다는데 왜 나서질 않냐', '열정이 없다' 운운하는 호통을 거듭하고, 나오는 아이디어가 없으니 소집되는 빈도는 더욱 잦아지는 고통스런 나선 미궁이 이어질 뿐이었죠.

마블 코믹스의 웃어른이신 스파이더께서 말씀하셨듯, '큰 힘에는 큰 책임이 따르기 마련'인 것이 세상사의 기본적인 이치입니다만. 사실 직장인 중 감히 '큰 힘'을 지녔다 말할 만한 이가 과연 몇이나 될는지는 의문이긴 합니다. 마이크로소프트가 전 세계 31개국 3만 1,000명을 대상으로 조사해 지난 3월 발표한 '2022 업무동향지표Work Trend Index'에 따르면 리더 중 74%는 본인에게 팀을 변화시킬 권한이 없다고 말했습니다. 리더 중에서도 '큰 힘'을 지닌 이는 상층의 수뇌부급 일부에 그친다는 것이죠. 하물며 팔로워 포지션에 머무를 뿐인 직장인 절대다수는 어떠하겠습니까.

범주를 우리나라로 국한하면 '큰 힘'을 논할 만한 이는 훨씬 더 축소됩니다. 외국에서도 리더의 직권이 작다 불평하는 판인데, 한국은 그들에 비해서도 직원의 권한을 더더욱이나 제한하는 편이기 때문입니다.

이를테면 지난 2013년 1월 삼성경제연구소SERI가 발표한 〈경력입사자의 전략적 관리 방안〉 연구보고서에도 국내 제조기업에 재직 중인 대리가 "이전에 다녔던 외국계 회사에서는 내가 400만 달러의 예산을 집행할 수 있었으나, 여기서는 그러한 권한이 전혀 없다. 보고를 중시해서 적은 금액도 먼저 보고하고 허락을 받아야만 집행할 수 있다. 또한 의견을 제시해도 상위 결정권자의 한마디에 모든 것이 바뀌는 경우도 많다"고 지적한 대목이 있죠.

대한상공회의소가 지난 2018년 10월 직장인 4,000여 명을 조사해 발표한 〈국내 기업의 업무 방식 실태 보고서〉에도 국내 기업의 '추진 자율성(충분히 권한위임을 한다)' 평가는 100점 만점 기준으로 37점에 그쳤습니다.

하지만 아이러니하게도 큰 힘을 쥔 이가 큰 책임이 없는 사람 탓을 해대는 광경만큼은 어디서나 매우 흔히 볼 수 있습니다. 여러분이 재직 중인 곳이 중견 이상이라면 지금도 회사 내 모처에선 그 꼴이 분명 벌어지고 있을 것이라 자신 있게 말할 수 있을 정도죠.

국내 각종 취업 포털들의 조사에서도 이러한 실태는 여실히 드러납니다. 지난 2017년 3월 취업포털 잡코리아가 직장인 844명을 대상으로 설문한 결과, 응답자 중 90.8%가 '직장생활 중 상사로 인해 근로의욕이 꺾이는 경험을 한 적이 있다'고 답했으며, 구체적으로 근로의욕에 영향을 주는 상사 유형으로는 '책임 회피형 상사(27.2%)'가 1위로 꼽혔습니다.

2016년 취업포털 사람인이 직장인 2,356명을 대상으로 실시했던 설문 조사에서도 '최악의 상사 유형' 1위로 책임을 떠넘기거나 발뺌하는 '오리발형(18.8%)'이 지목됐죠. 심지어 취업포털 인크루트가 2018년 4월에 '갑질 상사'를 주제로 직장인 898명에게 했던 조사에서까지도 응답자 97%가 '갑질하는 상사와 일한 경험이 있다'고 답했으며, 갑질 유형 중 1위로 언급된 것은 '자신의 업무에 대한 책임을 회피하는 미꾸라지형(20%)'이었습니다.

내가 손수 저지른 잘못이 정말로 크기나 하면 혼이 난들 어쩔 수 없겠습니다만. 담당자랍시고 내 이름으로 내걸린 업무일지라도 실상 윗선에서 워낙 세세하게 간섭하고 매만지는 바람에 마리오네트 놀음에 그쳤을 뿐이거늘, 수뇌부의 간섭과 지시로 인해 빚어진 물의만큼은 발의자를 고기방패 삼아 떠넘기는 상황은 일일이 꼽기도 뭐할 정도로 숱하게 터져 나옵니다.

실제로도 영상 콘텐츠의 퀄리티가 꼬인 근본은 임원이 삽입을 요구한 연출이나 부장이 쑤셔 박은 출연자 때문인데도 정작 욕은 일선 제작자가 먹는다거나, C레벨에서 우격다짐으로 밀어 넣은 광고 멘트가 국민 정서에 심히 어긋나 빈축을 사더라도 일을 벌인 사람은 나 몰라라 하는 바람에 실무자만 뒷수습에 죽어나는 그런 상황은 우리네 일상에선 비일비재하지 않습니까.

사회생활에 어느 정도 연륜이 쌓이신 분들은 굳이 제가 언급할 것까지도 없이 이미 잘 아실 바이긴 합니다만. 직장에 이제 막 발끝을 담근 초년병분들께 살짝 귀띔을 해드리자면요. 설령 상사가 '내가 책임질 테니 걱정하지 말라'고 호언하더라도 경계하는 태도는 철저히 고수하시기 바랍니다.

업계 일선에서 팔로워를 제물 삼은 리더의 책임 떠넘기기가 횡행한다는 이야기는 앞에서 실컷 했지만서도요. 그럼에도 보드라운 미소를 품은 상사가 '괜찮아, 내가 책임질게'라고 장담하면 아무래도 새내기 입장에선 순간 감격해 넘어가기 쉽거든요.

하지만 그 끌어안아 주겠다는 책임은 제아무리 관대하고 포용력 있는 케이스일지언정 '본인의 사퇴'를 넘어서는 바가 없습니다. 왜 그 TV에서 흔히 보이는 정·관계의 어르신들께서 즐겨 연출하는 상황이 있지 않습니까. 이미 살 만큼 살고 배부를 만큼 부른 분들은 책임을 통감한답시고 슬그머니 은퇴해 몸을 빼고, 헝클어진 업무 뒷수습이나 휘하 실무자들의 망가진 커리어를 복구하는 일은 남겨진 이들이 각자 알아서들 해야 하는 그런 꼴 말이죠.

달리 말하자면, 그놈의 '책임질게'라는 말도 '너희가 감당하게 될 뒤처리나 피해복구까지 모두 해주겠다'는 의미는 절대 아니라는 것입니다. 절대다수는 사고가 '내가 물러나면 책임진 것이지 뭐' 수준에 머무를 뿐, 아랫사람들이 입는 손해까지 직접 메꿔줄 생각까지 하는 법이 없습니다.

부하직원들이 실패를 싹 씻고 새 출발을 할 수 있는 자리를 손수 마련해주는 분이 있다면 반례로 인정할 수도 있겠습니다만. 일단 저는 달리 목격한 바가 없습니다. 다른 분들이라 해도 그리 흔히 마주할 케이스는 아닐 것 같고요.

즉 큰 힘이 없는 분들은 큰 책임을 지게 될 상황도 가급적 피하시길 권하고 싶은 마음입니다. 특히나 '자율성'과 '재량권', 그리고 '밀어주겠다'를 필히 조심하시길 당부드립니다. 물론 성공했을 때 공로를 온전히 인정받을 확신이 분명한 사안이라면 감히 말리진 못하겠습니다만. 그 누구라도 사는 동안 그렇게나 형편 좋을 일을 접하는 때는 그리 많진 않은 듯합니다. 사회를 몇 년 먼저 겪어본 선배들이 회의 시간마다 고수하는 침묵도, 그저 까닭 없는 게으름만은 아니라는 것이죠.

예언이 적중하면 살길을 찾아라

원소가 봉기에게 말하길 "기주의 사람들이 우리 군이 패배했다는 소식을 듣고, 모두 응당 나를 염려하였소만, 오직 전별가만이 이전에 나에게 그만두라고 간언하여 여느 사람들과 같지 않았으니, 내가 또한 그를 보기 부끄럽다"고 했다.

봉기가 다시 말하길 "전풍은 공의 퇴각을 듣고 손을 치고 크게 웃으며, 그의 말이 적중한 것을 기뻐했습니다"라 했다. 이에 원소가 전풍을 해치려는 뜻을 품었다.

_《삼국지》〈원소전〉의 주석 '선현행장' 중에서

원소군이 패배하자 어떤 이가 전풍에게 말하길, "그대는 반드시 중하게 되실 것입니다"라 했다. 전풍이 말하길 "만약 우리 군이 유리했다면 나는 보전할 수 있었겠지만, 지금 군대가 패하였으니 나는 죽을 것이다"라 했다. 원소가 돌아와 주위 사람들에게 "내가 전풍의 말을 듣지 않았더니, 과연 웃음거리가 되었다"고 말하며 마침내 그를 죽였다.

_《삼국지》〈원소전〉 중에서

장합이 원소를 설득했다. "조공의 병은 정예라, 가서 필시 순우경 등을 격파할 것이고, 순우경 등이 격파되면, 장군의 대사는 끝날 테니, 급히 병사를 이끌고 이를 구원해야 합니다." 곽도가 말했다. "장합의 계책은 옳지 않습니다. 그의 본영을 공격해, 형세상 반드시 돌아오게 하는 것만 못하니, 이것이 바로 구하지 않아도 저절로 풀리는 것입니다." 장합이 말했다. "조공의 둔영은 견고해, 공격해도 필시 함락하지 못할 것이고, 만약 순우경 등이 사로잡히면 우리들도 모두 포로가 될 것입니다."

원소는 다만 경기병을 보내 순우경을 구하게 하고, 막대한 군으로 태조의 영을 공격했으나, 함락할 수 없었다. 과연 태조는 순우경 등을 격파했고 원소군은 무너졌다. 곽도가 부끄러워 또 장합을 참소했다. "장합이 군이 패한 것을 즐거워하며, 말함이 불손합니다." 장합은 이를 두려워해 곧 태조에게 귀부했다.

_《삼국지》〈장합전〉 중에서

지난 2021년 6월 즈음 사람인이 직장인 1,277명을 대상으로 진행했던 설문 조사에 따르면, 응답자 가운데 절반 이상(50.1%)은 직장 내 괴롭힘을 겪었고, 그중 열에 셋 가까이(32.3%)는 의견을 묵살당한 경험이 있었습니다. 물론 굳이 조사 자료씩이나 들이밀 것까지도 없이, 특히나 힘도 빽도 없는 초년병 시절엔 지극히 타당한 의견을 개진했음에도 직위나 짬에 눌려 면박을 당해본 기억쯤은 사회생활을 해본 이라면 그 누구라도 품고 있을 법합니다만.

사실 전풍이나 장합의 사례에서 볼 수 있듯, 바른말

을 했음에도 틀린 제안을 내놓은 이에게 밟히는 상황보다 오히려 더 신변에 위협이 되는 때는, 바로 본인의 견해가 결국 맞았던 것으로 드러나버리는 훗날의 순간입니다.

당신을 면전에서 폄훼해가며 관철했던 상사들의 계교는 탁상공론에 불과한 망상으로 밝혀졌고, 쇄도하는 비웃음과 매도를 견디다 못해 눈물을 머금고 철회했던 그대의 책략은 돌이켜보니 앞날을 미리 꿰뚫었던 탁견이자 혜안이었습니다. 그리하여 경영진이나 수뇌부가 귀를 막았던 과거의 잘못을 뉘우치고 여러분을 중용하기로 결심했다 가정해봅시다.

자리는 어느 조직에서나 한정적입니다. 더군다나 고위직은 괜스레 비어 있는 법이 좀처럼 없고요. 그런 만큼 새 인재를 귀히 쓸 작정이라면 이미 높은 자리에 앉은 누군가를 덜어낼 수밖에 없는데요. 이런 상황에서 가장 위태로울 이는 잘못된 주장을 우기며 마땅한 의견을 억지로 찍어 눌러 회사에 손실을 초래한 당사자나 그 추종 세력일 테고요.

잘잘못을 떠나, 그들 역시 소중한 삶과 가족이 있는 각자 인생의 주인공들입니다. 범한 실책을 인정하고 멋지게 물러나 주기엔 짊어진 것들이 너무나도 크죠. 봉기와 곽도가 그러했듯, 오판을 밀어붙였던 이들은 스스로 빚은 실책을 덮고자 여러분의 인성과 충성심을 참소할 것입니다. 사랑이 그렇듯 허물 또한 다른 허물로 잊히기 마련이니까요. 당신이 역심을 품은 트러블메이커로 판명 난다면 상사들이 직전에 했던 '살짝 빗맞은 제안' 따위가 조직 입장에서는 큰 문제로 보이겠습니까.

여러분 입장에서야 얼토당토않은 저항 같아 보이겠으나, 생존을 위한 몸부림엔 대개 무시 못 할 매서움이 서려 있습니다. 어지간한 고전 소설에서도 추상 같은 명령 한 방에 모해를 꾀하는 세력의 발악이 정리되는 꼴은 드물지 않습니까. 결말 시점에 이르러선 모든 오해와 갈등이 해소될지언정, 적어도 초중반 즈음엔 기득권을 지키려는 간신들의 모함에 휘말려 주인공이 억울하게 실각하거나 귀양을 가는 상황이 오히려 전형적이죠. 현실이라 한들 별다를 바가 있겠습니까. 심지어 고전 소설과는 달리, 종국에 달할 즈음 만사가 이치에 따라 사필귀정으로 수습되는 희망적인 전개마저 기대하기 어렵죠.

물론 사소하고 자잘한 사안마저 상사의 예측이 틀리고 당신의 주장이 들어맞는 때마다 누명을 염려하는 것은 과잉 대응일 수 있겠습니다만. 여러분도 직장생활을 하는 동안 아마 적어도 한 번쯤은 피치 못하게 직면하게 될 것입니다. 윗사람들이 뭔가에 홀린 듯 터무니없는 계획에 꽂혀버리고, 그들의 구상을 순순히 따랐다간 조직 전부가 예정된 몰락이나 파멸을 향해 달려나가게 될 것이나, 이를 지적하며 만류하는 당신의 호소는 물정 모르는 애송이의 객기 정도로 치부당하는 그러한 상황을 말이죠. 정보의 변화나 생성이 천변만화하는 현대 사회에선 경험 많은 상관은 잘 모르는데도 앳된 신출내기 쪽이 오히려 밝고 통달한 분야도 한둘이 아니니까요.

공무원이나 공공기관 직원처럼 신분 특성상 이직이나 전직이 어렵다거나, 아주 안정적인 대기업의 말단이라 회사를 자주 옮기는 것이 커리어엔 오히려 독이 되는 등 예외 또한 적진 않겠지만요. 아무튼 이처럼 조직이 명백히 엉뚱한 방향으로 나아가려는 기미가 보이는 때, 특히 여러분이 공개적으로 이의를 제기했다가 윗선으로부터 타박을 받기라도 했다면, 결국 누구 말대로 되는지를 잠자코 지켜보기보다는 오히려 몸을 서둘러 빼는 전략도 고려해봄 직합니다.

살다 보면 그 누구라도 언젠간 깨닫는 진리입니다만, 사람의 진심 어린 반성이란 그리 쉽게 기대할 만한 이벤트가 아닙니다. 게다가 상사 입장에서 헤아리더라도 실책을 순순히 인정하고 물러나는 것보다야, 다른 이를 제물 삼아 그들의 잘못을 무마하는 편이 웬만해선 신상에 훨씬 이로울 테고요. 150여 년 전 〈뉴욕타임스〉가 언급했던 바와 같이 말이죠. "불행한 사건이 지나면 사회는 희생양을 절실히 요구한다. 만인의 죄를 덮어씌우고 광야로 보낼 이를 찾아 위안을 얻고자 한다."

딱 반 박자만 빠르게

"상대보다 딱 반 박자만 빠르게 움직여라! 한 박자도 안 된다, 딱 반 박자!"

어릴 적 언젠가 축구 황제 펠레를 다룬 위인전을 볼 기회가 있었는데요. 펠레의 화려한 위업보다도 오히려 제 기억에 강렬하고도 깊이 남았던 대목은 그의 유년기 스승이던 바우데마르 지브리투가 드리블을 가르치며 외친 저 말이었습니다.

하도 오래전에 봤던 책이라 내용이 아주 정확하게까진 떠오르지 않습니다만. 맞선 상대와 동일한 템포로 움직이면 당연히 제치기가 쉽지 않고, 그렇다고 한 박자 빠르게 움직이면 첫 조우 시점에야 당황할지 몰라도 프로 레벨에선 결국 리듬을 읽히기 십상이기에, 엇박으로 상대를 흔들며 무너뜨리는 '반 박자' 앞선 움직임이 가장 유리하다는 정도의 취지였던 것으로 기억합니다.

가르침에 충실히 따랐기에 펠레가 업계 레전드로 등극할 수 있었는지는, 제가 축구 분야의 지식이 썩 두텁진 못한지라 단정 지어 말씀드리기 어렵긴 합니다. 다만 반 박자 빠른 움직임이 수비의 빈틈을 유도하거나 방벽을 돌파하는 데 유용하다는 것만큼은 정설로 받아들여지는 듯합니다. 예를 들면 축구 온라인 게임인 '프리스타일 풋볼'에선 스트라이커 포지션의 최상위급 스킬로 '반 박자 빠른 슈팅'이 구현돼 있었죠. 후속작인 '프리스타일 풋볼Z'에도 같은 스킬이 테크니컬 포워드의 최고 레벨 기술로 남아 있고요.

이는 축구 선수뿐만 아니라, 우리 또한 마찬가지입니다. 딱 반 박자만 앞서는 것은 직장인의 행동 방침 면에서도 의미 있는 전략일 수 있다는 것입니다.

직장생활이란 수비진과의 맞대결처럼 리듬을 타거나 움직임을 간파당할 만한 성격의 것은 아니니, 기왕이면 반 박자보다야 한 박자 빠른 편이 낫지 않겠냐 싶을 수도 있겠습니다만. '앞선 박자로 움직인다'는 맥락에선 꼭 그렇지만도 않은 면이 있긴 합니다.

이를테면 빈센트 반 고흐의 삶은 어떠했습니까. 지금에야 서양 미술사를 통틀어 가장 유명하고도 영향력 있는 화가 중 한 명으로 꼽히지만요. 생전에 수익을 낸 작품은 1890년에 거래된 〈아를의 붉은 포도밭〉 단 하나뿐이지 않습니까. 시대를 지나치게 앞지른 탓에 숱한 걸작을 남겼으나 지상에 머물 적엔 영예랄 것은 조금도 누리지 못하고, 머나먼 동방의 나라에서 '나보다 더 불행하게 살다 간 고흐란 사나이'로 동정받을 따름이었죠.

에드거 앨런 포는 또 어떻습니까. 현시점엔 명실공히 미국을 대표하는 문학가 반열에서 평가받고 있습니다만. 포의 생을 반추해보면 행복했던 순간이 오히려 드물었습니다. 시와 소설도 모자라 암호학과 우주론까지 족적을 남긴 그 위대한 거장이 말이죠. 이제와 '에드거 상Edgar Awards'이 미국 추리 문학계에서 상당한 권위를 인정받는다 한들 무엇하겠습니까. 정작 당사자는 재능을 미처 다 펼치지도 못하고 먼 곳으로 떠난 지 오래인 것을요.

우리네 삶도 마찬가지입니다. 시대를 너무 앞서는 바람에 '천재'나 '선각자'라 불리는 것이 꼭 반길 일만은 아닙니다. 가령 여러분이 1990년대부터 일찍이 '메타버스'나 'ESG' 관련 지식과 전문성을 보유했던 인물이라고 해봅시다. 결코 터무니없는 가정은 아닙니다. 따지고 보면 요즘에 메타버스나 ESG라고 회자되는 것 중 1990년대엔 전혀 없었던 획기적인 기술이나 개념이 몇이나 되겠습니까.

그렇게 이슈를 20~30년 빠르게 선점한 덕에, 여러분은 우리 사회에서 이른 각광을 받을 수 있었을까요. 아마도 아니었을 테고, 실제로도 아니었습니다. 그 시절에도 이미 '가상세계'나 '기업의 비재무적 요소'를 말하는 이는 분명 존재했습니다만. 당시 사람들이 그분들의 말씀을 얼마나 귀담아들었는지를 되짚어보면 답은 명료해집니다.

즉 '한 박자'가 빠른 바람에 세간의 인식 수준을 지나치게 추월해버리면, 실질적으론 되려 그 무엇도 알지 못하는 이와 진배없는 취급을 당할 위험이 크다는 것입니다. 그나마 수명이라도 길면 뒤늦게나마 수십 년에 걸친 무시와 곤궁을 청산할 기회라도 얻겠으나, 운이 없다면 어느 신문 지면 구석에나 빛바랜 필름 사진 몇 장과 더불어 '현시대 업계 트렌드'의 초석을 미리 다진 선구자를 추모하는 기사 몇 줄 정도로나 남을지도 모를 일이고요.

그렇기에 다소 막연하거나 초월적인 영역을 서둘러 파고들기보다, 당장 널리 쓰이진 않지만 지금 윤곽이 어렴풋이 보이는 분야로 커리어를 전개하는 것이 보다 유리할 수 있습니다. 그런 면에서 '한 박자'보다는 '반 박자'라는 것이죠.

안정적인 커리어 성장과 관리 면에서도, 뜰지 가라

앉을지도 불분명한 분야에 황급히 투신해 명운을 거는 '도박수'를 범하기보다는 입지가 확고해지는 영역에 잽싸게 편승해 남들보다 '반 박자'만 빠르게 훑고선 전문가 행세를 하는 것이 훨씬 능률적이죠. 솔직히 연구자가 아닌 직장인 레벨에서는 업계 이슈 중 상당수는 화제가 될 즈음에야 손을 대거나 뛰어들어도 썩 늦지 않은 경우가 많습니다.

실제로도 석박사 학위를 받은 연구원이나 학자를 제외한 실무자 중 '애자일'이나 '디지털 트랜스포메이션' 등을 유행하기 전부터 숙지하거나 공부했을 인물이 몇이나 될 것 같습니까. 그럼에도 '속성 학습' 루트를 밟은 분들이 적극적인 마케팅과 홍보를 통해 '정통 전문가'보다 명성을 떨치거나 대접받는 모습 또한 굉장히 흔하게 볼 수 있죠.

물론 양심이나 도덕을 엮어 고찰해보자면 조금은 꺼림직할 여지도 없진 않습니다만. 정글 같은 사회에서 생존을 도모하려는 이가 연장을 취향대로만 골라 쓰는 것도 어찌 보면 터무니없는 사치에 속하지 않겠습니까.

내키지 않는 전략이나 수단이라 할지라도 살아남기 위해선 고려에 넣어야만 하는 때가 인생에는 이따금 존재하기 마련이니까요.

맺음말

리더십, 이제는 '외교'입니다

"전쟁은 생명이 없는 집단에 대한 생명이 있는 힘의 작용이 아니며, 완전한 무저항은 결코 전쟁일 수 없으므로 항상 생명이 있는 두 힘의 상호 충돌이다."

카를 폰 클라우제비츠는 저서 《전쟁론》을 통해 이와 같이 말했습니다. 인간이 인간과 맞서는 것은 무생물을 다루는 것과는 엄연히 다르니, 의지를 관철하는 과정에 있어 상대의 반응이나 항거를 반드시 고려에 넣어야 한다는 것이죠.

조직을 통솔하는 행위도 마찬가지입니다. 리더와 팔로워의 뜻이 완전히 일치하거나, 윗선의 명령에 팔로워가 항상 이의 없이 복종한다면 모르겠습니다만. 실제로는 상호 간의 견해나 지향이 엇갈리며 갈등이 불거지는 상황이 훨씬 흔하죠.

물론 기업문화 전반에 수직적인 색채가 짙었던 데다 지휘 관행마저 대체로 위압적이던 옛 시절에야, 설령 부하직원을 독립적 의지가 결여된 무생물 수준으로 취급하더라도 상하 간의 알력으로까지 번지는 경우는 드물었죠. 하지만 수평적 조직문화가 확산하는 데다 소통과 공감이 중시되는 요즘 추세에선 과거의 통치술을 그대로 적용했다간 의지와 의지가 상호 충돌하는 '전쟁'까지도 발발할 각오를 해야 합니다.

아랫것들의 반항쯤은 직위와 짬에 기대 제압하거나 설복시킬 자신이 있으니 상명하복을 고수할 것이라 선언하는 분도 없진 않은데요. 예전과는 달리 이직이나 퇴사가 굉장히 활성화된 현시대에선, 거느린 직원을 그저 잡은 고기라 여기고 무작정 압박하기도 도통 쉽지 않습니다. 논리나 명분이 부재한 우격다짐으로 부하직원을 찍어 누르려 들면 조직문화나 근무 여건이 훨씬 우수하고 합리적인 곳을 찾아 떠날 뿐, 어지간해선 굳이 참고 견디는 이가 드물 것입니다. 대안이 될 만한 선택지쯤은 이젠 얼마든 있으니까요.

이젠 팔로워들은 윗선에서 내리꽂는 불합리하거나 부당한 지시를 묵묵히 수용하지 않을 것입니다. 상응하는 보상과 대우 없이는 희생과 헌신을 거부할 것입니다. 수뇌부의 무능과 독선, 아집에 휘말려 침몰하는 조직에 명운을 걸고 머무를 이유도 없습니다. 천하의 대세가 이미 기울었음을 알더라도 어리석은 군주를 충심으로 보필했던 제갈무후 같은 신하도, 섬길 나라가 사라진 이후로도 망국의 유신을 자처해 절의를 꺾지 않은 문천상 같은 충신도 웬만한 기업에선 감히 기대할 바가 아닙니다. 혈연으로도 숙명으로도 얽힌 바 없는 구성원 앞에서 리더랍시고 의리나 충성을 역설하는 것은 천박한 농담에 그칠 뿐입니다.

그렇기에 오늘날의 리더십 발휘나 조직 관리 전략은 보다 '외교술'에 가까워져야 합니다. 식민지를 다루는 본국의 태도를 취해서는 필경 곤란에 처하기 마련입니다. 업무 지시도 의견 수렴도 타협과 의논을 전제로 한 교섭이어야 합니다. 오로지 힘의 격차가 맞대결에서의 우월을 결정한다 자신해, 우크라이나의 저항은 물론 전 세계의 협격까지 세심히 헤아리지 않았던 러시아의 우를 범해서는 안 됩니다. 언행 모두가 외교적 수사를 구사하듯 감정에 휘둘리는 바 없는 명경을 유지해야 합니다.

이토록 지고한 자리에 오르기까지 겪은 고생과 감내한 굴욕이 얼마인데 이제 와 몸을 사리며 부하직원 눈치를 살펴야 하느냐는 볼멘소리도 간혹 나오곤 합니다. 어림짐작으로 하는 말도 아니고, 필자가 실제로 면전에서 들은 바 있는 불평인데요.

많이들 하시는 말씀 있지 않습니까. 회사는 자아실현하러 다니는 곳이 아닙니다. 여러분 예하로 팔로워를 배치하는 의도 중, 지난 세월 그대들이 경험한 설움을 이들을 통해 해소하라는 것은 역대로 존재했던 바가 없습니다. 조직이 바라는 것은 그저 그들을 잘 통솔하며 역량을 최대로 끌어내 기대하는 바 이상의 성과를 내라는 것일 뿐이죠.

과거에는 이에 부응하는 데엔 엄격한 상하관계 질서에 의거한 카리스마적 통치가 가장 효율적이었을지도 모르나, 이제는 세상이 바뀌었으니 새 시대에 부합하는 리더십 전략이 필요할 따름입니다. 그럼에도 난 그렇게 배웠고 살았고 또한 당해왔으니 똑같이 해야만 직성이 풀리겠다 고집하는 것은 리더가 위임받은 업무의 본질을 흐리는 응석에 불과할 뿐이죠. 물론 회사는 그러한 어리광을 굳이 참고 받아줄 이유가 없고요.

외교 무대에서도 자국이 원하는 바만 좇으며 전횡을 일삼는 나라는 금세 고립되고 배척당하며 곤궁해지기 십상입니다. 암만 풍요롭고 강대한 국가라 할지라도 말이죠. 하물며 기업에 고용됐을 뿐인 일개 개인이 리더라는 지위만 믿고서 내키는 대로만 굴면 과연 입지가 계속 평온할 수 있겠습니까.

부디 오래도록 살아남아 번성하길 바란다면 팔로워들의 합당한 비판이나 요청은 가급적 포용하고 수용해가며, 그들과 더불어 조화롭게 성과를 낼 방안을 모색하는 것이 옳겠죠. 그런 면에서 이 책에 적힌 글귀들이 꽤나 씁쓰레하더라도, 웬만하면 휘하의 건방진 팔로워가 감히 퍼붓는 거친 넋두리라 여기며 숙고해주시길 부탁드립니다. 몸에 도움 되는 약은 입엔 쓰다는 옛말도 있지 않겠습니까.

마지막으로, 이토록 시시한 잡설을 책으로 거듭날 기회를 부여해준 플랜비디자인에 이 자리를 빌려 감사를 드립니다. 언제나 믿음과 사랑으로 제 삶을 지탱해준 부모님, 장모님과 장인어른, 아내를 비롯해, 건강한 몸으로 태어나 누구보다 잘 자라주고 있는 아들에게도 더불어 고마움을 전하고 싶습니다.

솔직히 당신 열정엔 관심 없어요

초판 1쇄 인쇄 2022년 10월 20일
초판 1쇄 발행 2022년 10월 27일

지은이 문현웅
펴낸이 최익성

기획 이유림
책임편집 정은아
마케팅 총괄 임동건
마케팅 임주성, 김민숙, 홍국주, 김아름, 신현아, 김다혜, 이병철, 송현희, 김신혜
마케팅 지원 안보라, 안민태, 우지훈, 박성오, 신원기, 박주현, 배효진
경영지원 임정혁, 이순미

펴낸곳 플랜비디자인
디자인 강수진

출판등록 제2016-000001호
주소 화성시 동탄첨단산업1로 27 동탄IX타워 A동 3210호
전화 031-8050-0508
팩스 02-2179-8994
이메일 planbdesigncompany@gmail.com

ISBN 979-11-6832-034-5 03320